D1210936

¡Despierta!

Anne Astilleros

¡Despierta!

Deja de sabotear tu Felicidad y tu Éxito

(MÉTODO
EGOLUTION)

MADRID - MÉXICO - BUENOS AIRES - SAN JUAN - SANTIAGO

2016

Diseño de cubierta: Gerardo Domínguez

Editorial Edaf, S.L.U.
Jorge Juan, 68
28009 Madrid, España
Tel. (34) 91 435 82 60
www.edaf.net
edaf@edaf.net

Ediciones Algaba, S. A. de C.V.
Calle 21, Poniente 3323, entre la 33 sur y la 35 sur - Colonia Belisario Domínguez
Puebla 72180 México
Tel.: 52 22 22 11 13 87
jaime.breton@edaf.com.mx

Edaf del Plata, S. A.
Chile, 2222
1227 Buenos Aires (Argentina)
edaf4@speedy.com.ar

Edaf Antillas/Forsa
Local 30, A-2 - Zona Portuaria Puerto Nuevo
San Juan PR00920
(787) 707-1792
carlos@forsapr.com

Edaf Chile, S. A.
Coyancura, 2270, oficina 914, Providencia
Santiago - Chile
comercialedafchile@edafchile.cl

ISBN: 978-84-414-3614-5   Depósito legal: M-1766-2016
2.ª reimpresión, marzo 2016

PRINTED IN SPAIN   IMPRESO EN ESPAÑA
COFÁS, S. A. - Móstoles (Madrid)

Dedicado a Ti, que te atreves a ser feliz.

Índice

Prefacio

CONOCÍ A ANNE hace diez años en un pequeño seminario al que había sido invitada.

Hasta ese día toda mi vida había girado en torno a la búsqueda de una solución que ayudase a paliar el sufrimiento de las personas, ese que todos sentimos y del que pocos hablamos. Supongo que una infancia marcada por la depresión y el malestar me habían predispuesto naturalmente hacia ese anhelo, hacia esa búsqueda, que en mi caso se había convertido en el epicentro de mi vida. Necesitaba una prueba de que ser auténtico y feliz, aquí, en este planeta, también era posible. Para lograrlo: estudié y obtuve diversas titulaciones: psicóloga, psicoterapeuta, coach y consteladora familiar; aprendí a utilizar diversas técnicas y métodos; trabajé con «maestros», terapeutas, chamanes y psicólogos; viajé intensamente alrededor de los distintos continentes, con la única idea de encontrar ese «algo» que facilitase a las personas la auténtica felicidad; ese «algo» que aliviase ese vacío que todos, en mayor o menor grado, sentimos.

El día en que, por primera vez, escuché a Anne, en aquel seminario, supe que lo había encontrado. Desde el primer minuto, todos los asistentes nos sentimos cautivados por su alegría poderosa y natural, por su presencia y sencillez, por esa especie de luminosidad que parecían llenar la sala entera. Su mirada trasmitía paz, trasmitía ese «algo» que durante tanto tiempo había buscado. Para mi sorpresa y agrado, su discurso era igual de sencillo y poderoso que lo era su presencia. Por fin había encontrado a una persona auténtica, a una persona que no se había olvidado de quién era, de cuál era su propósito aquí y que nos recordaba que dejásemos de buscar fuera cuando todo, absolutamente todo lo que necesitamos, ya lo tenemos, naturalmente, en nosotros mismos.

Las palabras de Anne resonaban, sorprendentemente en mi interior como grandes verdades que Yo ya conocía (Reconocía) y que solo esperaban en mi para ser despertadas. Tenía la sensación de que Anne nos hablaba a todos y cada uno de los asistentes directamente a lo más profundo de nuestros seres. En ese momento supe que seríamos amigas y te aseguro que cuando decido algo puedo llegar a ser muy, pero que muy persistente.

Anne, por aquel entonces, era como un diamante en bruto, aún sin explotar. Había trabajado aquí y allá ofreciendo sesiones individuales donde las personas se lo solicitaban, pero no se había planteado seriamente hablar públicamente de su forma de ver ni de sentir, ni sobre todo de su especial conexión con el universo. A lo largo de la historia de la humanidad han sido contados los casos de seres humanos que se hayan comunicado de forma tan clara y tan directa con la Fuente y que además se hayan atrevido a hablar de ello públicamente. Las rarísimas excepciones de personas que no se han olvidado de quiénes son y de a qué han venido, por lo general, han terminado siendo rechazados, tratados de locos o sencillamente anulados. No me extraña que Anne tuviese, entonces, sus reparos para manifestar públicamente su mensaje.

No obstante, aquí estamos y su libro ya está terminado. Esta obra que sujetas ahora entre tus manos es un resumen de su poderosa filosofía de vida. Para ella sus palabras no son más que nociones y pinceladas básicas de la Realidad, mientras que para nosotros constituyen auténticos descubrimientos, profundamente impactantes y reveladores, que nos permiten no solo retomar nuestras vidas, sino llevarlas a cualquier nivel de felicidad y satisfacción que deseemos, tanto en este como en otros planos, tanto ahora como en nuestras futuras experiencias vitales, tanto en este como en el resto de universos a los que nos dirijamos.

NOTA: En este libro, hago las funciones de traductora del lenguaje, proveniente directamente de la Fuente y no siempre fácil de entender, de Anne, a un lenguaje más accesible para todos los públicos. Pido disculpas de antemano por transformar algo tan bello y puro en aras de la comprensión, pero estoy segura de que en este caso, el fin sí justifica los medios. Para Anne la precisión en las palabras es fundamental y es por ello que incluimos un glosario al final del libro para aclarar el significado que ella le da a algunas palabras que tiende a utilizar en formas no convencionales. Asimismo verás que escribe con mayúsculas la primera letra de algunas palabras, por lo que les confiere así un significado especial, distinto al convencional: Ser, Luz, Oscuridad, Ignorancia, etc.

Yo me atrevo y soy feliz, ¿y tú?

VICTORIA VINUESA
Entre otras cosas, guionista, psicóloga y escritora

Introducción

*Tu Ser guarda un Conocimiento que te da el poder
de transformar tu vida para siempre.*

TÚ, COMO CADA UNO DE NOSOTROS, has nacido con el poder innato de
experimentar una vida de felicidad, éxito y bienestar. Entonces, ¿qué
está impidiendo todavía que te sientas realmente feliz en cada momento y aspecto de tu vida? Solo hay un responsable: tu olvido.

El Ser humano se ha olvidado del auténtico sentido de su experiencia terrestre. No solo se ha olvidado del objetivo por el que
decidió encarnarse y de las promesas que se hizo, sino que, lo que
es más grave aún, se ha olvidado de quién es, se ha olvidado de su
auténtica naturaleza.

Mi propósito al escribir este libro es el de ayudarte a recordar,
a ti también, de modo que al hacerlo recuperes tu felicidad y motivación perdidas, retomes la comunicación con tu propio Conocimiento, alivies tu culpa y malestar, mejores tus relaciones y triunfes con ilusión en todo lo que te propongas.

Como Ser humano en constante conexión con su propio Conocimiento, siempre he sabido que era mi deber compartir mi particular,
aunque totalmente natural, forma de ver y de percibir la Vida y la Realidad con este mundo. Hace unos años mi amiga y también escritora
Victoria Vinuesa me hizo la gran pregunta: ¿cuándo vas a decidirte a
escribir un libro que comparta con las personas de este planeta tu fi-

losofía, tu mensaje liberador, ese que has venido a enseñar? Victoria, insistente, incluso me propuso ayudarme en su escritura, pues ella sabía que para mí no sería fácil plasmar con palabras humanas el lenguaje de mi Conocimiento, Esencia luminosa que en todos nosotros yace.

Aquel día en el que Victoria me pidió que le comunicara al mundo mi filosofía sentí que mi Felicidad llamaba a mi puerta, sentí que mi Felicidad contestaba por sí misma: «Sí, sí, díselo, díselo a Anne. Ayúdala a que me trasmita, a que me exprese y me expanda. Ayúdala a que me irradie, a que despierte a los demás a su propia Felicidad».

El lenguaje humano dispone de muchísimas palabras, pero de muy pocas que transmitan la Esencia de la Vida. Me pregunté también si las palabras que yo iba a utilizar iban a ser recibidas como yo las digo, pues todos sabemos que uno es responsable de lo que dice pero no de cómo los demás las oyen o interpretan.

Si he decidido salir de mi interior e ir hacia los demás a través de este libro, es con el único propósito de llamar la atención en Ti sobre tu Fuente Esencial, sobre la parte luminosa de tu Ser que es la felicidad. Y sí, estoy decidida a compartir con todos aquellos que buscáis lo que yo nunca he ignorado, que buscáis lo que yo siempre he tenido presente: la certidumbre de que la Eternidad, en su parte feliz, es y está al alcance de todo el que lo decida.

Permíteme aclarar que yo no soy ni científica, ni religiosa, ni «espiritual» en el sentido convencional del término; solo soy Yo y hablo desde mi expresión del Conocimiento, el mismo que reside en tu interior y en el de cada uno.

Ten presente siempre que no hay nada de lo que yo haga, diga, vea o manifieste que tú no puedas hacer, decir, ver o manifestar también en tu vida. No me interesan los seguidores, solo las personas libres interesadas por su evolución. Recuerda: tu único maestro, el único válido para ti, reside en tu interior.

Paz y Alegría.

Yo, ANNE

Principios de mi filosofía

1. Eres un Ser energético eterno y multidimensional.
2. Tu naturaleza es dual: eres Luz (Esencia creadora) y también eres Oscuridad (espacio donde experimentarte y evolucionar).
3. Tu Ser tiene un Propósito: convertirte en el alquimista que transforma la Oscuridad en Luz en su camino.
4. Manifestar tu felicidad es tu deber y tu única responsabilidad.
5. Antes de encarnarte escogiste la forma en la que seguirías llevando a cabo tu Propósito también en esta vida: tu Misión.
6. Te prometiste convertirte en el alquimista de tu vida, es decir, en aquel que invariablemente ilumina la Oscuridad a su paso.
7. La Oscuridad, en este planeta, galaxia y universo, es más abundante y está más presente que la Luz. Es tu deber iluminarla.
8. Eres un Ser cocreador de mundos y de experiencias.
9. A tu alrededor coexisten una infinidad de corrientes energéticas, más o menos luminosas, a las que te conectas en función de tu estado emocional. Estas corrientes van a determinar la calidad de tu vivencia cotidiana, tu camino.
10. Tus emociones, sensaciones y pensamientos modelan tu realidad.
11. La Esencia Creadora te ofrece sus Principios Universales para ayudarte a crear tu vida según tus deseos.
12. Tú eres el único responsable de tu felicidad, el que crea todas tus experiencias.

13. Tus Padres Creadores te aman incondicionalmente y no necesitan perdonarte por tus errores, tú sí.

14. No eres ni serás nunca «perfecto»; está bien así y no debes castigarte por ello.

15. Naciste con una culpa intrínseca fruto de las memorias oscuras de tu Ser. Perdonarte es tu deber.

16. La raíz de todos los problemas del Ser humano es el olvido de Quién es, de su verdadera naturaleza y su consecuente identificación con sus fabricantes (progenitores) en lugar de con sus Padres Creadores.

17. Tu Vida, que no esta experiencia terrestre que llamáis vida, es eterna y multidimensional.

18. Esta vida humana es solo una parada en tu eterno camino evolutivo.

19. Tu muerte no es más que el abandono de tu cuerpo humano para continuar tu camino de la evolución en otros lugares y con otros cuerpos adaptados a ellos que escojas utilizar.

20. La Luz, como expresión del Amor, es tu único carburante para, una vez dejado este cuerpo, poder viajar a otros mundos más luminosos y por tanto más felices.

21. La Luz que generes en esta vida determinará tu bienestar en la próxima.

22. Los seres que al morir no han generado la suficiente Luz para poder desplazarse a otros mundos más felices tienen dos opciones: volver a encarnarse en un cuerpo humano (repetir la lección) o bien permanecer en el estado de cuerpos atómicos (esos que llamáis fantasmas), hasta lograr acumular la Luz suficiente para continuar su camino.

23. Las relaciones, espacialmente con tus progenitores, son tu mejor herramienta para evolucionar, para aumentar tu Luz.

24. Te prometiste no repetir los comportamientos oscuros que ya habías experimentado en otras vidas.

25. Escogiste a tus progenitores para recordarte qué no hacer.
26. Te prometiste convertirte en el «maestro» de tus padres biológicos.
27. Tu Ser se manifiesta en tu persona a través de: tu ego, tu Yo y tu Corazón.
28. Tu Yo es la expresión de tu Ser y es quien decide, en ti, a quién darle la voz: a tu oscuro ego o a tu siempre luminoso Corazón.
29. El ego es tu gran aliado (motor) en tu evolución.

Parte I
Recuerda quién eres

Capítulo 1

¿Y si solo te hubieses olvidado?

El Ser, eterno cocreador e hijo de la Esencia Padre y Madre, una vez encarnado, habrá de despertar a su nueva realidad humana. De lo contrario, como Ser humano, se sentirá mortal, infeliz y perdido.

UN DÍA UNA GOTITA DE LA ESENCIA CREADORA se desprende del Todo para experimentarse a través de una infinidad de experiencias, habitando en una infinidad de lugares, adoptando una infinidad de formas distintas, y todo ello con un único propósito: permitir que reine el Amor e iluminar la Oscuridad.

Esa gotita eres, también, Tú.

Y tú... ¿te atreves a ser feliz?

¿No te parece un contrasentido que haya que atreverse a algo tan natural como es ser y sentirse feliz?

Acompáñame a lo largo de este libro y descubrirás por qué atreverse a ser feliz es, en realidad, una tarea de valientes. Ojo, estoy hablando de la valentía como expresión originada en el Corazón, que no de la fuerza proveniente del músculo.

La raíz de todos los problemas del Ser humano: el Olvido

La raíz de todos los problemas del Ser humano radica en el olvido de quién es en su totalidad, en el olvido de su Esencia para beneficio único de su cuerpo.

Las personas somos como sonámbulos que caminamos por la vida dormidos a nosotros mismos, a nuestra Realidad, a nuestra Identidad intemporal.

Permíteme contarte una breve historia:

Érase una vez un rey que gobernaba feliz en un reino de gran belleza y salud, donde primaba el cariño, el respeto y la Alegría entre sus habitantes. Un visitante extranjero que, atraído por las bondades del reinado, paseaba por allí, se encontró con el rey y le habló de un planeta no muy lejano donde los habitantes parecían sumidos en una profunda e interminable tristeza. Le dijo que tanto el aire como el agua de aquel lugar habían sido progresivamente contaminados por sus propios habitantes y le contó cómo estos dedicaban largas horas del día a realizar trabajos que no les satisfacían con un único propósito: sobrevivir.

El rey, atónito, le hizo una sola pregunta: «Pero, ¿acaso esos seres están desprovistos de un Corazón?».

«Por supuesto que no», respondió el visitante.

«Entonces es imposible que se hayan desviado hasta ese punto», contestó el rey.

Sin pensárselo dos veces el soberano decidió que iría, él mismo, a ayudarles a recordar. Sí, él les recordaría la importancia de volver a despertar a la Belleza de la vida y les ayudaría a redescubrir la Razón de existir y la Alegría de ser. Decidido, emprendió el camino a lomos de su caballo alado.

Según descendía hacia aquel planeta sumido en la oscuridad, le llamó la atención la densidad del aire. Era pesado y pronto le empezó a costar respirarlo. Descendió de su caballo alado y comenzó a caminar por las tristes calles de una superpoblada y ruidosa ciudad.

Las personas, carentes de expresión, lo miraban sin siquiera verlo o sin mucho interés. Parecían estar sumidos en una especie de trance provocado por el olvido.

Algo en el denso aire hizo que el bienintencionado visitante se marease. Trató de apoyarse en una pared para evitar caer y de repente, al mirar a su alrededor, él también cayó en el olvido. Ya no recordaba de dónde venía ni para qué había venido, y lo que es peor, ya no recordaba quién era. El rey, angustiado y confundido, no sabía qué hacer.

Poco a poco, sonámbulo de sí mismo, comenzó a imitar a los demás, comenzó a comportarse como ellos.

Semanas después los habitantes de su reino, alertados por la tardanza de su amado rey, enviaron a un séquito constituido por sus más valerosos caballeros, los Caballeros del Corazón Despierto, para que le ayudasen en la que parecía una ardua tarea.

Los Caballeros del Corazón Despierto se desplazaron hasta aquel planeta en busca de su rey. Protegidos por gruesas máscaras evitaron respirar el aire envenenado. Tras una larga búsqueda, lo encontraron bajo los rayos de un ardiente sol. Agotado y triste trabajaba duramente la tierra.

Los caballeros, confusos y sorprendidos, trataron de hacerle recordar quién era y por qué había decidido ir a ese lugar. Pero el Rey no podía creerse lo que aquellos hombres le contaban. Su realidad, la única que existía ahora, era esa.

Tardó un tiempo y necesitó utilizar de nuevo su dormido Corazón para volver a recordar quién era en realidad y recuperar así su olvidada razón de existir y su Alegría. Para el inmenso júbilo de su pueblo ¡lo consiguió!

¿Y si, simplemente, tú también te hubieses olvidado de Quién eres en realidad?

Capítulo 2

¿Te atreves a redescubrirte?

La verdadera alquimia consiste en transformar la Oscuridad con tu Luz, con tu capital luminoso de origen, a través de tus actos.

NOS HAN ENSEÑADO que solo existe lo que podemos percibir con nuestra limitada visión humana.

Todo lo que no percibimos con los sentidos humanamente aceptados es olvidado, dejado de lado, o bien socialmente castigado. Los humanos se empeñan en utilizar la mente para todo; no obstante, la Realidad requiere más observación que comprensión racional. El Ser humano está capacitado para observar, sentir, percibir y dispone invariablemente de su Conocimiento. Pensar no es su única función.

Eres un Ser precioso, rico y totalmente energético que, en un momento dado a lo largo de su eterno viaje por este universo, decidió hacer una parada en este planeta llamado Tierra. Como Ser, tu naturaleza es dual: eres Luz y también eres Oscuridad. Estás compuesto de un núcleo luminoso (una gotita misma de la Esencia Creadora) que se encuentra invariablemente rodeado, en mayor o menor medida, de Oscuridad.

Tu único Propósito a lo largo de tu eterno viaje universal es el de evolucionar, es decir, iluminar tu Oscuridad a lo largo de tu eterna experiencia.

Pero antes de proseguir, permíteme aclararte a qué me refiero cuando hablo de Luz y de Oscuridad. La Luz es el Amor y todas sus manifestaciones que conocemos: alegría, bienestar, paz, ilusión, amistad, bondad (primero hacia ti mismo y no para ser aprobado o para que te quieran los demás), etc. La Oscuridad es la carencia, que no la ausencia, de Luz. La Oscuridad no es más que la otra cara de la Esencia. Es la Esencia virgen de experiencias amorosas.

El nacimiento de tu Ser

Permíteme hablarte del nacimiento de tu Ser, el que habita tu cuerpo en estos momentos. Ten presente que no estoy hablando aquí del nacimiento de ese cuerpo físico que te sirve de vehículo y con el que hasta ahora te has estado identificando en mayor o menor medida, sino del Ser eterno que lo habita y anima.

Un día, hace ya muchas vidas, una gota de la Esencia Creadora (lo que algunos llaman Dios, y otros Universo o Energía Creadora) se desprendió de la fuente del Todo para experimentarse a través de un eterno viaje por este y otros universos.

A partir del instante en que esta gota de la Esencia se desprendió de la fuente del Todo y comenzó a alejarse, se fue rodeando por una Oscuridad progresivamente más profunda, más densa. Es en ese preciso momento en el que, viéndose rodeada por esa gran falta de Luz, la gotita decidió convertirse en el alquimista que a su paso iluminaría invariablemente la Oscuridad por los caminos de su eterno viaje.

Ese momento de decisión representa el nacimiento de tu Ser.

Esa gotita de la Esencia, junto a la Oscuridad que, de ahora en adelante la rodea, conforman la Identidad y la totalidad de tu Ser. En esta nueva fase, esa que llamamos evolución, tu Ser se manifiesta hoy en tu cuerpo a través de ese que llamas Yo, aunque aun te pueda resultar un perfecto desconocido.

¿Sabías que eres un gran alquimista y el único de tu vida?

Tu eterno viaje evolutivo como aportador de Amor

Como Ser, existes con un solo Propósito: transformar la Oscuridad que atraviesas en Luz, a lo largo de tus diversas experiencias universales; esas que llamamos vidas. Evolucionar es tu único propósito, de hecho, es tu principal deber.

Para poder expandirte como Esencia del Amor y evolucionar utilizas diferentes «cuerpos» adaptados a los distintos lugares del universo (planetas, estrellas, galaxias, etc.), donde decides llevar a cabo esta expansión que llamamos evolución. En estos momentos te sirves de un cuerpo humano para habitar y seguir evolucionando en el planeta Tierra.

El nacimiento de tu cuerpo material

Un día, tú como Ser, decidiste hacer una parada en este planeta que llamamos Tierra.

Miraste con ternura al planeta, triste y enfermo, que ahora habitas y decidiste aportarle tu Luz y compartir tu Corazón con sus habitantes. Te sentías seguro, pues sabías que podrías interaccionar, expresarte y relacionarte con todos ellos.

Ilusionado, te hiciste dos solemnes promesas. Por un lado, te prometiste seguir evolucionando al no caer en la Oscuridad ya experimentada, o lo que es lo mismo serías el alquimista que transforma la Oscuridad al atravesarla. Por otro lado, en el momento en que elegiste a los fabricantes del cuerpo que ibas a habitar, esos a los que llamas hoy papá y mamá, te hiciste la solemne promesa de respetarles y no imitarles en su parte oscura, en sus comportamientos negativos guiados por sus egos y por el ego colectivo de este planeta.

En ese momento, justo antes de encanarte, eras y te sentías poderoso y capaz de cumplir tus promesas. Tú eras la gotita de la

Esencia Creadora y disponías de todas las herramientas para convertir tu experiencia sobre este planeta en una auténtica experimentación de felicidad y disfrute. Eras el poder mismo de crear la vida que tú eligieses. Conocías los principios universales que rigen la Vida y estabas dispuesto a utilizarlos a tu favor a lo largo de tu estancia terrestre como Ser humano.

La trampa de la materia

Para manifestarte como persona sobre la Tierra ibas a necesitar un vehículo, un cuerpo humano, y para ello escogiste a un hombre y a una mujer para que te sirvieran de fabricantes de tu cuerpo, esos a los que hoy llamas papá y mamá. Hasta aquí todo estaba en paz, todo iba según el plan trazado.

Ahora bien, el Ser, una vez encarnado en ese cuerpo físico, hijo de la materia que ha elegido, se ve enfrentado a dos posibles escenarios.

— **Primer escenario:** El Ser y su cuerpo humano mantienen una comunicación fluida y una relación desde el Amor. Si bien natural, este escenario es, en realidad, extremadamente raro.

— **Segundo escenario:** La persona habitada por el Ser no se identifica con Él, sino con los fabricantes del cuerpo: sus padres biológicos. Estos, aun pudiendo ser excelentes personas, siguen siendo solo eso: personas, no dioses. El Ser entonces se siente atrapado. La comunicación entre él y su vehículo (su cuerpo) es compleja o se pierde por completo.

Este segundo escenario es el más frecuente, por no decir casi el único, que existe en nuestro planeta. El cuerpo material ajeno a sus Padres Creadores —la Fuente del Amor—, se identifica, por lo general, con sus fabricantes: papá y mamá.

Por decirlo de alguna manera, es como si tu persona se olvidara progresivamente de Ti, del Ser que lleva dentro. Mientras te identificas con tus progenitores y tratas de vivir tu vida en función de unas normas humanas preestablecidas, te olvidas de que evolucionar solo es posible desde el Amor y que esta es la auténtica razón por la que decidiste encarnarte, tu única razón de existir. Te olvidas de que tu paso por este planeta es solo temporal.

En el momento en el que te olvidas de Vivir, comienzas a sobrevivir.

La metáfora del taxi

Permíteme explicarte este aparente sinsentido con una metáfora.

Imagina un taxi en el que hay una ventana insonorizada entre el conductor y el pasajero. Dicho pasajero lleva consigo un GPS muy especial, un GPS que solo conduce a expresar y experimentar la felicidad. El conductor dispone de un intercomunicador que, activado, permite la comunicación entre ambos.

El que conduce es el taxista, pero quien decide dónde ir es el pasajero ayudado por su GPS interno. El coche, sin embargo, solo obedece las órdenes e indicaciones del conductor. El coche equivaldría a tu cuerpo material, el conductor sería tu mente, el pasajero tu Ser y su expresión es ese al que todos llamamos Yo.

¿Qué ocurriría si el conductor, únicamente atento al exterior, se hubiese olvidado de que lleva un pasajero en el coche? Imagina que el pasajero en el asiento posterior, al ver que el conductor ha perdido la ruta y se está desviando del camino que lo lleva por los senderos de su felicidad, trate de hacerse escuchar, pero el taxista, ignorante de su pasajero, no haya activado el intercomunicador, siendo incapaz de oírlo.

Eso es exactamente lo que ocurre en las personas. Nuestro coche es un cuerpo sólido y material. La materia densa y pesada de la que están hechos nuestros cuerpos encierra y fija. La persona, desde su mente, se olvida de su identidad, de su Yo. El Ser no va a poder manifestarse y el coche, su cuerpo, va a ser guiado únicamente por el conductor, por la mente desconectada de tu Conocimiento.

Sentimos que nos falta algo. ¿Y qué hacemos cuando sentimos o creemos, aunque sea inconscientemente, que nos falta «algo»? Lo que hacemos es buscarlo fuera, buscarlo en los demás. Ya desde niños, somos como taxis conducidos desde los patrones mentales de otros. Desde ahí van creciendo nuestras falsas personalidades copiadas de los demás.

Lo que llamamos personalidad dista mucho de nuestra verdadera identidad manifiesta y respetuosa de nuestro Ser.

Recupera tu identidad

¿No has tenido nunca la sensación o te has dado cuenta de que algunos de tus comportamientos o formas de pensar, en realidad, te son ajenas; una sensación como de que no sabes por qué actúas así, una especie de: «No sé lo que estoy haciendo» o de «Pero si ese no soy yo»?

Por lo general, ya desde niños, nos identificamos a nuestros padres físicos o cuidadores olvidándonos, poco a poco, de nuestra Identidad propia y única. El niño le da la espalda a la Identidad con la que nace para ser aceptado por su entorno, improvisando, día tras día, una personalidad superficial, ajena a su Propósito. Esa personalidad superficial prestada es la que, por lo general, se expresa en nuestra vida; es el conductor sordo del taxi que es guiado por otros.

Retoma el contacto con tu pasajero

El propósito de este libro y de todo mi método y filosofía consiste precisamente en eso: en recordar al conductor que lleva un pasajero, un pasajero que dispone de un maravilloso GPS y que basta con que retome el contacto con él para ser conducido por los caminos más dispuestos al Amor, para que disfrute de las mejores oportunidades de sentirse feliz y de disfrutar de un bienestar total, sean cuales sean los caminos que escoja iluminar o crear a cada paso.

¡No estás solo! Tú también puedes retomar el contacto con tu pasajero y guiarte por su GPS: tu Yo único y precioso.

Atrévete y sé feliz.

Capítulo 3

Eres, como todo lo que existe, energía

Quizá puedas cerrar los ojos, pero nunca podrás anular a tu Ser y a su Esencia en ti.

HACE YA UN TIEMPO que la física cuántica nos dice que en este universo, todo, absolutamente todo, es energía; todo está hecho de energía más o menos luminosa. Los átomos físicos están hechos de vórtices de energía que vibran y giran incesantemente sobre sí mismos. La materia, al igual que la conciencia humana, es energía y ambas están interconectadas. Por sorprendente e increíble que le pueda parecer a la a veces inflexible mente humana, la conciencia humana tiene el poder de influir en el comportamiento de la materia y reestructurarla.

La energía menos luminosa, de vibración más lenta, es manifestada en formas materiales densas. Por el contrario, todo aquello que es ligero y menos denso como la luz, el aire, el vapor, lo que llamáis arcoíris o una aurora boreal están compuestos de energía más luminosa, de vibración más rápida.

Fíjate por un momento en tus manos. Esas manos que ahora percibes como algo sólido y definido, en realidad, no son más que una suma de partículas energéticas vibrando a baja velocidad. Si esas partículas comenzasen a vibrar con mayor celeridad, verías algo parecido a la forma de tus manos hecha de millones de minúsculas lucecitas, o incluso si la velocidad fuese lo suficientemente rápida, dejarías de verlas por completo.

La materia más densa y más pesada, como la de nuestros cuerpos y la de las cosas sólidas para nuestra percepción, están hechas de energía lenta, poco luminosa. Las partículas que conforman el objeto vibran lentamente y es precisamente esa baja velocidad la que hace que los percibamos como sólidos y definidos. Es simplemente una ilusión del limitado sistema perceptivo humano.

¡Qué interesante materia para añadir al currículum escolar de los más pequeños! ¿No te parece?

La visión de la energía ligera

Todos nacemos con la capacidad de ver más allá de los contornos, percibidos como definidos, de las cosas. Sí, por supuesto, todos podemos ver la energía más ligera, no material a nuestros ojos.

Si has tenido la oportunidad de convivir con un bebé en sus primeros meses de vida, habrás podido observar cómo hay momentos en los que pareciera que su mirada se desviara hacia algo «en el aire» que captura su atención. Algo que es completamente «invisible» para ti. ¿Te has fijado en cómo dejan su mirada perdida, a veces durante largos momentos, en ese algo que los adultos no pueden ver?

Al nacer, los bebés disfrutan de un espectro de visión natural más amplio. Durante los primeros meses de vida no distinguen fácilmente los contornos de las cosas materiales, los objetos cuya vibración es lenta; su mundo perceptivo está constituido, casi exclusivamente, por energía ligera multicolor en continuo movimiento.

Te puedes estar preguntando cómo es entonces posible que las personas, al crecer, pierdan esta visión natural de una realidad más amplia. ¿Te has fijado cómo los adultos y los niños mayores de dos años que interaccionan con los bebés, tratan de hacerles mirar o fijar su atención hacia una u otra cosa o persona? Seguro que te suena la escena de alguien mostrándole un objeto a un bebé, tratando de captar su atención y diciéndole «Mira, mira», o de la madre biológica que se acerca mucho al pequeño mirándolo fija e intensamente a los ojos tratando de captar toda su atención. El bebé se ve rodeado continuamente de personas más grandes que él que desvían su atención para que se fije únicamente en los objetos más densos y pesados.

Los adultos, por lo general, solo le dan importancia a lo que se «puede» ver con el ojo humano, lo que es totalmente sólido, o bien de una naturaleza lo suficientemente densa como para percibirla como el humo, el vapor o los colores del crepúsculo. Es así como en la interacción con los adultos a su alrededor, el bebé gradualmente deja de lado, se oculta, esta capacidad tan propia y natural al Ser que acaba de llegar, con la única finalidad de ser aceptado y reconocido por los mayores. ¡Es una mera cuestión de supervivencia!

El bebé va perdiendo así, poco a poco, el interés por su propia visión natural, por esa visión que aún le ofrece su Ser, por todo aquello que los adultos que conforman su mundo ya no pueden ver. Fue así como tú también llegaste a desinteresarte por tu visión, a ignorarla a cambio del reconocimiento de aquellos que constituían tu nuevo mundo. Sin embargo, es tan posible como natural en ti, como Ser humano que eres, recuperar paulatinamente esa visión de la energía más ligera.

Algunos pequeños con los que he tenido la oportunidad de convivir en esta experiencia terrestre, al darse cuenta de que yo también veo ese «algo» invisible para los otros mayores, me sonríen aliviados. A menudo me enternece la complicidad cariñosa que se crea entre nosotros.

La Luz y la Oscuridad

Permítame hacer dos aclaraciones antes de proseguir: por un lado, en la Realidad, tal y como ya la percibo, la Luz y la Oscuridad no son dos entidades independientes, más bien la Luz habita la Oscuridad y la Oscuridad habita la Luz. No obstante, a lo largo de este libro las conceptualizamos como separadas para facilitar el entendimiento y aligerar la lectura. Por otro lado, la Luz de la que trato en este libro nada tiene que ver con la luz que ven brillar tus ojos como la del Sol, la de una bombilla o la de una cerilla.

La Luz es la energía de vibración más rápida conocida en este universo. Es el movimiento. La Luz, como manifestación del Amor, es creadora a través de los pensamientos y comportamientos. La Inteligencia Suprema que en tu día a día se manifiesta gracias a ti y a través de tu Corazón es el Amor. La Luz manifiesta es lo que llamamos felicidad y su fuente es el Amor.

La Oscuridad, como complemento de la Luz, es la energía de vibración más baja. Es densa y estática. En realidad, la Oscuridad no es más que la otra cara de la Esencia amorosa y luminosa, es la cara de la Esencia que aún no ha sido experimentada por la Luz, es decir, que está en estado virgen de experiencias luminosas.

La Oscuridad carece de la expresión constante de Luz y su manifestación emocional es el miedo.

Sí, así es, por sorprendente que te pueda parecer, la Oscuridad no tiene nada que ver con el mal, solo es malo lo que hacemos con ella al atravesarla, es decir, no cumplir nuestro único deber: aportarle Amor.

Escoge tus tizas

Puedes imaginarte a la Oscuridad como una inmensa pizarra negra sobre la que podemos escribir con tizas (pensamientos y actos) de todos los colores. Eres libre para elegir cómo quieres pintar sobre la tuya: con tizas de preciosos colores escogidas en tu Corazón, o si aún no has despertado a tu Luz interior y crecido con ella, quizá a ciegas, escribas con las tizas más oscuras que te aconseje tu ego. ¿Qué resultado crees que dará pintar con tizas negras sobre una pizarra negra?

Por increíble que parezca, la Oscuridad solo quiere que la ilumines, quiere que al atravesarla expreses y expandas Amor.

Las emociones son energía

Tus emociones también son, como todo lo que existe, energía.

Las emociones de vibración más lenta, las oscuras, son todas aquellas que te provocan algún tipo de malestar, dolor o sensaciones desagradables de: miedo, impotencia, frustración, culpa, celos, rabia, tristeza, envidia, aburrimiento, apatía, desconfianza, etc. Las emociones luminosas, por el contrario, son aquellas que, al aumentar el Amor en ti, te provocan bienestar y todo tipo de sensaciones agradables: alegría, compasión, ternura, entusiasmo, ilusión, etc.

Las emociones provenientes del Amor, de la Luz, vibran rápidamente, son más ligeras y expansivas, despiertan la felicidad en ti, mientras que las emociones oscuras vibran lentamente, son más densas y pesadas y así hacen que te sientas desdichado.

Incluso el lenguaje popular es un fiel reflejo de esta realidad: ¿Te suenan las expresiones como: «Siento un peso en el estómago», «Siento presión en el pecho», «Siento un nudo en la garganta», «Llevo un gran peso sobre los hombros» o «Me he quitado un peso de encima»?

Tus emociones y tus sensaciones, provocadas por tus pensamientos, tienen el poder de crear tus experiencias. Son ellas y su vibración energética las que van a cocrear tus vivencias.

Las corrientes energéticas a las que nos enchufamos

En la Realidad, tal y como yo la percibo, hay infinidad de corrientes energéticas que coexisten y circulan incesantemente a nuestro alrededor. Esas corrientes van desde el nivel más luminoso, ligero y brillante hasta el más oscuro, denso y pesado.

Cada uno de los pensamientos que tenemos, está provocando en nosotros una sensación o emoción que pertenece a un determinado nivel vibratorio. La onda energética que genera esa emoción o sensación nos conecta instantáneamente con una corriente de un nivel energético similar. De este modo, si el pensamiento ha sido generado desde la Luz de tu Corazón, te enchufarás a una corriente luminosa de bienestar, sintiéndote feliz al hacerlo. Por el contrario, si el pensamiento ha sido generado desde tu, siempre oscuro, ego, y no haces nada para cambiarlo, te estarás conectando a una corriente energética oscura, del mismo nivel vibratorio que ese pensamiento que te has autorizado tener. ¿Resultado? Te sentirás mal.

Quizá te estés preguntando cuáles son las consecuencias prácticas de enchufarnos a una u otra corriente. No exageraría si te dijese que esas consecuencias son las que van a determinar el rumbo de tu vida, tus experiencias, tus vivencias y tu grado de bienestar en un futuro más o menos próximo, más allá incluso de esta experiencia humana. Al enfocarnos en un pensamiento oscuro o una situación desagradable, nos vemos embebidos en la consecuente emoción dolorosa y así nos conectan a un tipo de corriente que automáticamente nos lleva a experimentar situaciones en las que recrear esta emoción una y otra vez. Si, por el contrario, en el momento en que aparece el malestar, nos enfocamos en un pensamiento, consciente y constructivo, de una situación más agradable, permitiendo así su correspondiente nueva emoción, lo que estaremos creando, reiteradamente, también será agradable.

Aquello en lo que nos enfocamos creamos

En el momento en que estamos enchufados a cualquier tipo de corriente energética, estamos instantáneamente atrayendo pensamientos, emociones, situaciones y circunstancias de ese mismo nivel vibratorio. Es como si entrásemos en una determinada dimensión de la existencia. Por tratar de ofrecerte una metáfora es como si estuvieses en una sala de cine con infinitas salas y una infinita selección de películas para escoger. Tú tienes el poder de elegir qué tipo de película quieres ver, qué tipo de emociones quieres sentir. Si escoges tratarte bien y pasar un rato agradable, irás a ver una película romántica o una historia de fantasía o de superación personal o una comedia. Si, por el contrario, deseas experimentar emociones oscuras y malestar irás sin duda a ver una película de terror o de horror o una película bélica o violenta. En cualquier caso, eres tú quien escoges la experiencia emocional a la que quieres enchufarte.

En nuestras vidas también funciona así. La corriente a la que elegimos enchufarnos es nuestra manera de escoger las emociones y situaciones que queremos experimentar. Si, por ejemplo, tus pensamientos son tristes, en un momento dado, y no haces nada para cambiarlos, estarás conectándote a una corriente energética del mismo nivel vibratorio que la tristeza, estarás escogiendo vivir una película donde la tristeza sea la protagonista. Si por el contrario tus pensamientos te conectan a una corriente de acción en el Amor, esa será la película que estés escogiendo vivir y cocrear.

Suponte que has discutido con un amigo y te sientes muy enfadado. Pasan los minutos, las horas y sigues estando enfadado, has permitido que la rabia inunde tu espacio y por consiguiente te has conectado a una corriente de nivel energético bajo. Desde esta conexión, vas a entrar en una dimensión de ese nivel vibratorio:

- Las personas con las que te encuentres reaccionarán también desde esa vibración oscura.
- Las situaciones que vivas te harán recrear esa vibración oscura.

- Los pensamientos que te vengan serán oscuros, de enfado, de rabia, de frustración, etc.
- Las sensaciones y emociones serán igualmente desagradables reforzando tu conexión con la Oscuridad.

Y seguirá siendo así hasta que tú lo decidas.

La importancia del perdón

Aquí es donde el perdón adquiere toda su importancia. No importa lo que te hayan hecho, permanecer en el sentimiento de rabia, resentimiento o impotencia de aquel instante o situación solo hará que sigas recreando ese dolor una y otra vez, una y otra vez; te mantendrá conectado a una corriente de malestar perpetuando el dolor y el daño. Es como si te sometieras al mismo maltrato de forma reiterada.

Libera tu espacio

Permíteme darte otro ejemplo inspirado en una realidad cotidiana de la mayoría de las personas: las redes sociales. Imagina que tienes una cuenta en una red social y te haces «amigo» de diez personas. De ellas tres siempre se están quejando, dos privilegian los *post* tristes y deprimentes, otras tres son grandes fanes de películas de terror y la dos restantes no escriben nunca. Lógicamente en tu news feed, aparecerán solo cosas tristes, depresivas u horribles. Pero ¿qué ocurriría si decidieses conectarte con diez personas más y todas ellas fuesen alegres, divertidas, valientes e interesantes? Bueno, en ese momento al menos la mitad de los *posts* de tu *news feed* serían alegres y te harían sonreír. ¿Y qué pasaría si solo hubieses escogido amigos alegres y divertidos desde un principio? Sí, el 100% de los *posts* que te llegarían te provocarían una sonrisa.

La buena noticia es que en la vida, como en las redes sociales, tú puedes escoger qué tipo de emociones quieres experimentar. En todo momento tienes la libertad de reconocer que te has equivocado y de poder cambiar de dirección. Al igual que en las redes sociales puedes borrar a los «amigos» indeseados, también en tu vida puedes liberar tu espacio y permitirte gozar de nuevas experiencias.

El mensaje que hace latir tu Corazón

Los científicos del HeartMath Institute han demostrado que el corazón genera el campo electromagnético más grande de todo nuestro cuerpo y que en él se codifica la información de nuestras emociones. De este modo, al cambiar las emociones y sensaciones, estaremos cambiando la información del campo energético que emite nuestro Corazón. El mensaje que «late» en nuestro corazón varía en función de las emociones que sentimos. La energía de ese «latido» y el campo que crea son los que se conectan con corrientes energéticas de un nivel vibratorio similar.

Por decirlo de otra manera, es como si al estar enfocado en un pensamiento o emoción del tipo que sea le estuvieses enviando la señal a tu Vida de que eso es lo que quieres experimentar. Sí, por increíble que te lo parezca, tus pensamientos y tus emociones son auténticos pedidos que le haces constantemente a tu Vida, tanto si eres consciente de ello como si no.

Aquello en lo que enfocas tu atención, creas. De modo que si aquello en lo que te enfocas es oscuro, el campo energético te ofrecerá nuevas experiencias para que puedas sentir malestar. Lo habrás pedido tú, aunque sea inconscientemente. Es aquí donde claramente adquiere toda su importancia volver a tu Corazón, replantearte las cosas desde Él y acallar y tranquilizar a tu ego con nuevos pensamientos a tu favor.

El alivio espacio-temporal

Afortunadamente para nosotros vivimos en un planeta del espacio-tiempo y las cosas, por lo general, no se materializan instantáneamente. Si has pensado mal sobre algo, sobre ti o sobre otra persona, ese lapsus temporal es el que te va a permitir reenfocarte en tu Luz y evitar las consecuencias de ese pensar mal.

¿Te imaginas que no existiese ese lapsus y que cada cosa negativa que pensases se materializase instantáneamente en tu vida? Piénsalo por un momento. Date cuenta de que, si así fuese, hace tiempo que la humanidad habría desaparecido. La Creación es sabia y, habiéndonos dotado de un ego, también nos dota de la posibilidad de reenfocarnos a cada instante en nuestra Luz.

La Luz es infinitamente poderosa. Un solo pensamiento desde tu lucidez puede borrar varios pensamientos oscuros que hayas tenido. Solo si permaneces mucho tiempo y le dedicas tu atención a los pensamientos oscuros, verás irremediablemente reflejadas las dolorosas consecuencias de esas elecciones en tu vida.

La buena noticia es que tú tienes el poder consciente de enchufarte a la corriente de tu elección. Tú y solo tú puedes escoger, a cada momento, cambiar de dirección, o lo que es lo mismo, cambiar de nivel vibratorio.

Pensar, sentir y actuar son tres verbos que solo tú puedes conjugar en tu vida.

Capítulo 4

Eres Luz y Oscuridad
y está bien así

El individuo no puede convertirse en la misma perfección del núcleo que lo habita, por mucho que se empeñe en lograrlo.

EN LA SOCIEDAD HAY UNA INTELIGENCIA sociorreligiosa que pretende que la persona sea tan «perfecta» como el Ser (con frecuencia llamado Alma) que lo habita. No obstante, se olvida de que el Ser tampoco es perfecto, su naturaleza es dual, es Luz y Oscuridad. Solo su núcleo es perfecto. Sí, su núcleo es el perfecto cocreador de la Luz, que va a expandirse al atravesar la Oscuridad que le rodea.

Recuerda: ¡Somos alquimistas innatos!

Ya desde pequeños, la educación sumida en el olvido colectivo, nos dice que hemos de cambiar; que hemos de ser «perfectos», «buenos»; que no debemos tener malos pensamientos, ni malos sentimientos (aunque nos enseñen a cultivarlos) y un largo etcétera de inalcanzables exigencias.

Ya desde niños iniciamos una total dicotomía con nosotros mismos al tratar de alcanzar unos objetivos, que de por si son inalcanzables. La persona, el cuerpo, no puede ser perfecta según los criterios de la educación humana. ¡Es imposible!

¡Somos seres humanos que evolucionan! ¡La perfección no necesita evolucionar!

Somos Luz en la Oscuridad.

Como Ser humano «posees» una parte luminosa y una parte oscura. La parte luminosa se prometió iluminar a la parte oscura que estás atravesando, y todo ello lo haría gracias a ti, la persona en la que se iba a encarnar. Así es y por mucho que tu persona luche contra esa parte oscura no conseguirá que desaparezca. Está ahí y hoy es parte tuya. ¡Acéptala! Impregnarla con tu Luz es tu único deber.

Gracias a tu Corazón despierto te sentirás vivir, que no sobrevivir; te sentirás fluir con el sentido de tu vida. ¡Tú eres el alquimista de tu experiencia!

¡Recuerda que es aumentando tu Luz como tu Ser puede evolucionar! Si no fuese así, sencillamente no estarías en este universo oscuro ni por supuesto habitarías este planeta con tu cuerpo humano. Así que si, al mirarte delante del espejo, ves un cuerpo humano, quiere decir que en tu interior habita un Ser con su núcleo de Luz más o menos rodeado de Oscuridad y que indudablemente dispones de un Corazón que late deseoso de despertarse, de no estarlo ya. Y sí, ¡está bien así!

Recuerda que eres hijo del Amor Creador del Todo y que si bien el Ser humano se ha olvidado del verdadero sentido de la vida, Él sí sabe lo que hace. Por una razón, que solo pertenece a su Esencia, existes para expandir su Luz atravesando tu propia Oscuridad. ¡Esa es la alquimia!

No tienes que cambiar, solo cambiar de dirección

Los mensajes provenientes del exterior nos dicen que hemos de cambiar, pero, en realidad ¿qué es lo que tenemos que cambiar? Quizá no se trate tanto de cambiarte a ti, en el sentido de que dejes de tener esa parte oscura, sino de cambiar de dirección, es decir, de elegir los caminos que invariablemente te conduzcan a ti. Se trata de ir dando pasos desde tu Luz iluminado así la Oscuridad de tu camino.

¡No es necesario que cambies, solo que elijas hacer los cambios más adecuados para ti!

Deja de pelear contra ti mismo

Las personas se pasan años luchando contra lo que no les gusta de sí mismos, queriendo cambiarse. Sin embargo, ¿qué puede crear mayor Oscuridad que luchar contra ella con sus propias artimañas? Desde el momento en que queremos cambiarnos en lugar de hacer los adecuados cambios, estamos asumiendo que no somos perfectos tal y como somos, nos sentimos defectuosos. Estamos dudando de la Perfección de la Creación. ¡Estamos diciéndole a la Esencia Creadora (a Dios, al Universo o como tú elijas llamarlo) que lo que ha creado no está bien! Estamos negando su infinito Corazón y su infinita Bondad.

La única vía posible de evolución pasa primero por la aceptación de nuestra perfecta naturaleza dual, y desde ahí, por la elección consciente, a cada instante, de existir desde nuestra Luz.

Acepta tu naturaleza dual

El rechazo de nuestra imperfección, en sí mismo, ya nos posiciona en nuestra Oscuridad. Nos hace creernos «malos», nos sentimos culpables. Desconfiamos de nuestros propios criterios sometiéndonos así a otros criterios externos socialmente aceptados, en un intento de dejar de sentir esa culpa. La culpa, hija de la Oscuridad, constituye uno de los mayores obstáculos que tú mismo puedes crear e interponer a tu felicidad. Es algo así como una nube que se formara delante del Sol. Al sentirnos culpables, inconscientemente, nos castigamos por no ser lo bastante «buenos», nos saboteamos y nos impedimos disfrutar al máximo de nuestro bienestar, al tiempo que nos sentimos víctimas de las circunstancias o de alguien.

Date cuenta de que la culpa siempre busca el castigo, mientras que de la aceptación solo puede surgir el Amor y ¿adivina qué? ¡Crece la Luz!

¿Quiere decir esto que cualquier pensamiento o acto «malo» está justificado?

¡No, claro que no! Si bien es cierto que tienes una parte oscura también lo es que tienes un Corazón.

No se trata tanto de no tener nunca «malos» sentimientos o pensamientos, sino más bien de lo que, una vez aparezcan, elijas hacer con ellos. Esos sentimientos y pensamientos oscuros van a aparecer, te guste o no, lo aceptes o no; es así y no pasa nada. ¿Por qué? Porque lo que importa es lo que tú decides hacer con ellos.

Recuerda: en tu pecho late un corazón y tu Corazón es tu Herramienta principal, tu poder de acción. En el momento en que aparece un pensamiento «malo» en nuestro nivel consciente, tenemos la posibilidad de caer en él, materializarlo y sufrirlo, o bien el poder de iluminarlo al elegir tomar una decisión más favorable.

¡La función del ego es ser egoísta! El propone (ideas, pensamientos, emociones...) pero tú eres quien, desde tu Corazón, dispones.

Rechaza el castigo

Durante generaciones nos hemos o nos han castigado por tener esos pensamientos o sentimientos negativos que se supone que nunca deberíamos pensar o sentir. ¡Cuánto dolor y sufrimiento se podría haber evitado con la simple aceptación de esta naturaleza dual en nosotros mismos!

¿Ves ahora la enorme liberación que supone algo tan simple como aceptar que no pasa nada porque no seas «perfecto», que lo único que realmente importa de cara a tu evolución son tus elecciones cotidianas? No olvides que tu «imperfección» natural (dualidad) es el motor de tu evolución. ¿Y qué evolución podría haber si fuésemos ya perfectos? ¡Qué maravillosa lección de amor para enseñar a nuestros hijos!

Aceptar tu Oscuridad no quiere decir que te comportes desde ella, sino que puedes enfrentarte a ella.

Tu misión, tanto en esta como en todas tus vidas pasadas y futuras, es iluminar tu Oscuridad, expandiendo, al hacerlo, tu núcleo luminoso. Ahora puedes estar preguntándote, sí pero ¿cómo se hace esto? Pues, sencillamente, ¡eligiéndolo! Recuerda: eres una elección constante, porque eres la dualidad personificada. Reconoce tu Luz y utilízala.

Sigue leyendo y descubrirás cómo dispones de un poderoso libre albedrío, tu Yo. Él es quien decide prestar atención al ego o al Corazón.

Capítulo 5

La trinidad en ti

La única forma de evolucionar es elegir a cada instante, escuchar la voz de tu Corazón.

QUÉ MARAVILLOSO ES EL JUEGO DE LA VIDA. ¿No te parece maravilloso estar, incondicional y naturalmente, dotado del poder de elegir, a cada instante, el rol que quieres desempeñar? La Vida es un sencillo y eterno paseo, ella te ofrece la libertad total de crear tus propios senderos, y disfrutar de absolutamente todo aquello que puedas desear.

Una vez encarnado en un cuerpo físico, hijo de la materia de vibración lenta, tu Ser se manifiesta en tu persona a través de tres aspectos o partes bien diferenciadas: tu ego, tu Yo y tu Corazón. Estas tres partes tuyas y en ti, son las que te van a permitir evolucionar gracias a tus constantes experiencias.

Tu Corazón: representa al núcleo luminoso de tu Ser. Es el Amor en ti, la herramienta luminosa y más poderosa, incondicionalmente a tu disposición. La situamos simbólicamente en el centro del pecho.

Tu Corazón resguarda la Esencia luminosa en ti. ¿Recuerdas aquella gotita que se desprendió del Todo? Volver ahí es reencontrarte siempre con tus Padres Creadores del Amor. Esos Padres que siempre te aman y siempre están para ti, esos que te han creado desde su infinito Amor para que te conviertas, cada día un poco más, en su propia manifestación.

Elige convertirte en el cocreador del Amor y deja que la Felicidad fluya por tu vida como la sangre corre por tus venas.

No es casual que desde los anales de la historia, a lo largo y ancho de todas las culturas, el Ser humano haya representado al Amor con un corazón y sitúe la emoción del Amor en el centro del pecho. Del mismo modo que tu corazón (órgano) reparte la sangre por todo tu organismo, al elegir utilizarlo a diario, tu Corazón (energético) reparte Alegría por tu vida.

Tu Yo: es la cuna de tu Ser, su expresión. Es el pasajero de tu taxi. Tu Yo es tu libre albedrío, tu posibilidad de elegir, a cada instante, entre la paz y el bienestar, hijos de la Luz y las constantes pesadillas que trata de imponerte la Oscuridad. Simbólicamente lo situamos en el plexo solar. Tu Yo es la voz interior que expresa tu elección.

Tu Yo despierto, atento a tu Corazón y en comunicación armoniosa con el conductor en ti (la mente), será quien decida a cada instante atravesar los caminos del ego (Oscuridad) desde la paz de tu Corazón (Luz). Tu Yo dormido y entonces confundido por el ego, por el contrario, al atravesar la Oscuridad, se perderá en ella, experimentándola y sufriendo sus siempre dolorosas consecuencias.

En ti tu Yo es quien habla con tu Corazón, con tu ego y con tu cuerpo físico. Es quien elige, a través de tu cuerpo, sacar, para compartir, la Luz o la Oscuridad a través de tus pensamientos, emociones, decisiones, sentimientos, relaciones y actos. En cada momento puede escoger convertirse en el príncipe cocreador del Corazón de la Existencia o en el soldado de la Oscuridad.

Tu ego: simboliza la Oscuridad que atraviesa tu Ser, esa inseparable compañera a lo largo de su experiencia. Simboliza esa cara de la Esencia que solo busca ser iluminada por la Luz de tu poderoso Corazón. Y ¿cómo lo busca? Tentándole, perturbándole con pensamientos, actos y emociones dañinas.

El ego es tu mejor aliado

Tu ego continuamente te está proponiendo pensamientos, sentimientos, ideas y actos oscuros para que, desde tu Yo, escojas qué hacer con ellos: prestarles atención materializando así la Oscuridad en tu camino, o bien elegir inmediatamente enchufarte a la presencia luminosa de tu Corazón.

El ego, que durante siglos ha sido duramente criticado y rechazado, es, en realidad, nuestro gran aliado.

Aunque racionalmente pueda parecer algo paradójico, tu ego te propone pensamientos y emociones oscuras con la única intención de que las rechaces y de que al hacerlo le ilumines. Sí, ¡el ego solo quiere que le ilumines! Es únicamente cuando no lo haces, cuando no escoges escuchar la voz de tu Luz, el momento en que el ego «te castiga»

Imagínate a un joven ejecutivo que tiene una entrevista de trabajo para ese fantástico puesto que siempre ha deseado. Lleva varios meses enviando su currículum y por fin lo han citado para entrevistarle. Espera su turno, junto a otros candidatos, en una elegante sala de espera, cuando su ego comienza a tentarle: «¡Cuánta gente! Seguro que hay alguien más válido que tú. No te van a dar el puesto». El candidato comienza a ponerse nervioso. Ve a una chica atractiva y elegante que espera a su lado. La voz de su ego aprovecha para ir un paso más allá: «Seguro que ella se lleva el puesto, siempre les dan los trabajos a la gente atractiva. Da igual lo que hayas estudiado, con esta horrible nariz nunca conseguirás nada. ¿Quién querría tener que ver esa horrible nariz todos los días?». Su inseguridad aumenta con la misma velocidad con la que disminuye su autoestima. Siente un nudo en el estómago y comienza a sudar. Su ego, sintiéndose ahora más fuerte e importante, continúa con más ímpetu: «Es mejor que te vayas; no sé para qué pierdes el tiempo; estás haciendo el ridículo aquí; debiste quedarte en la cama esta mañana». Cada vez más nervioso e impotente comienzan a sudarle las manos, el pulso se le acelera, tiene la sensación de que el corazón se le fuera a salir del pecho. Su ego aprovecha esta debilidad para ir aún un poco más allá: «En realidad, ¿para qué quieres este puesto? Si tú no vales para esto y todo el mundo lo va a saber; vas a tener que cambiar de profesión; algo que seas capaz de hacer, algo más fácil, más a tu nivel, aunque ganes menos y trabajes más; en realidad qué más da». La puerta se entreabre y el agobiado candidato escucha la voz de un joven, seguro de sí mismo, que se dispone a salir. Su ego insiste: «Eres ridículo. Todos se están riendo de ti. Eres torpe y todos lo notan». La puerta se abre del todo y un elegante ejecutivo lo mira. Con un gesto le hace pasar. El joven aspirante se levanta sintiéndote fatal, las piernas le tiemblan, incluso se marea un poco. ¿Cuál crees que será el resultado de esta entrevista?

Este joven ha pasado de sentirse ilusionado ante la posibilidad de un puesto fantástico a sentirse inseguro y entonces nervioso, en cuestión de minutos, al escuchar y darle el poder a su ego.

Las consecuencias de darle toda la importancia a nuestros egos pueden llegar a ser devastadoras. Para este joven ha sido una entrevista de trabajo arruinada, pero para ti serán otras cosas no menos relevantes en tu vida: malas relaciones, problemas de pareja, problemas económicos, problemas laborales, problemas de salud, tristeza, ansiedad, etc.

Su ego, en realidad, solo buscaba ser iluminado, ser acallado desde un primer instante. El ego, asustado, necesita el apoyo y la seguridad, necesita la Luz de tu Corazón. Es en el momento en el que el candidato le escucha y le da su poder en que el ego se desespera, se revoluciona atacando a todo su cuerpo y funciones. Su tarea no es la de hacernos daño, sino la de ofrecernos material y oportunidades para que le iluminemos. En el momento en el que no lo hacemos aumenta en intensidad haciéndonos sentir verdaderamente mal.

Cuán distintas hubiesen podido ser las cosas si ante las primeras incursiones de su ego, el joven candidato le hubiese acallado amablemente y con firmeza desde la paz de su Corazón. Si en lugar de escuchar a su ego, hubiese escogido, con su libre albedrío, con su Yo, centrarse en su Luz; si le hubiese dicho algo como: «Shhh, esto no es asunto tuyo. Yo me ocupo, este puesto es para mí, estoy más que preparado y yo soy el candidato perfecto». El joven se habría conectado inmediatamente al poder de su Corazón, a su paz y desde ahí se sentiría aún más seguro y tranquilo. Quizá el ego hubiera seguido intentándolo un poquito, pero ya no podría tener el mismo efecto en el joven enchufado a su confianza. Finalmente, esa vocecilla oscura en él se habría silenciado, dando la entrevista un resultado totalmente diferente y sin duda mucho más satisfactorio. ¡Recupera tu poder!

Recuerda: El poder solo responde al Corazón.

Tranquiliza a tu ego

Acallar al ego es un hábito que se adquiere con mucho cariño y práctica. El ego, nuestro ego, acostumbrado a que lo escuchemos y le cedamos nuestro poder, es decir, que lo abandonemos ante el miedo, necesita ser tranquilizado. No podemos simplemente ignorarlo haciendo como si no estuviese allí. ¡Está ahí, existe y en esta experiencia terrestre es parte tuya! Si tratas de ignorarlo pensando en otra cosa, le entra pánico, teme perder su puesto, teme que te olvides de él; se revuelve, aún más, tratando de atraer tu atención y haciéndote sentir, de paso, un torbellino de emociones oscuras.

En próximos capítulos te mostraré cómo acallar a tu ego al tiempo que lo tranquilizas con cariño y firmeza, al igual que lo harías con un niño.

Escuchar al ego, ¿hábito o excepción?

Fíjate por unos instantes en este universo en el que vivimos. ¿Qué prima más: la Luz o la Oscuridad? Si observas las fotografías hechas por la NASA, verás que este universo es principalmente oscuro; de hecho, si te fijas bien, es realmente muy oscuro, apenas iluminado por diminutas lucecitas aquí o allá. La mente humana, para poder sobrevivir, ha creado los conceptos de la noche y el día con la finalidad de evitar darse cuenta de que lo que llamamos noche es la auténtica Realidad en nuestro planeta: vivimos flotando en medio de una inmensa oscuridad. La luz del sol durante lo que llamamos el día nos ofrece un alivio, un alivio creado por y para la mente para ayudarnos a sobrevivir. El día es la «realidad» construida por nuestra mente, hemos hecho de la noche un tránsito necesario para dormir.

Dado que este es el único universo que conocemos, se escapa a nuestro raciocinio considerar la posibilidad de que existan otros donde prime más la Luz sobre la Oscuridad, donde, al contrario que aquí, la brillante luz de preciosos colores que lo inunda todo solo se vea interrumpida por diminutos puntitos de oscuridad flotando aislados. Sin embargo, ¡es así! Esos universos existen y nos esperan para ofrecernos maravillosas experiencias vitales cuando decidamos elegirlos.

Como Ser, has elegido experimentarte temporalmente en este universo con el único propósito de ir iluminando la Oscuridad a tu paso o, lo que es lo mismo, ofrecerle tu Amor al miedo y así transformarlo. Como Ser humano la única forma que tienes de iluminar esa Oscuridad es escoger, con tu Yo, escribir tu historia desde la poderosa Luz de tu Corazón. Cada vez que lo haces se expande tu núcleo y disminuye un poco más la Oscuridad de este universo en el que habitas ahora. El Amor en ti es la única Luz en tu camino.

No es de extrañar que en un universo donde prima la Oscuridad, nos sea más «fácil» enchufarnos y permanecer en nuestros egos que en nuestros Corazones. Podríamos decir que el automatismo en el humano es escuchar la voz de su ego. Requiere de decisión, entrenamiento y estar atento, a cada instante, a nuestra interioridad, para permanecer en nuestra Luz. No obstante, cuando sabemos que la recompensa es invariablemente la felicidad y el éxito en todas sus formas, ya no nos cabe duda de que merece la pena estar atentos. Y si además nos damos cuenta de que nuestra felicidad tiene una repercusión que va mucho más allá de nuestras pequeñas vidas humanas, ayudando también a disminuir el sufrimiento en este y otros mundos, entonces la decisión es clara.

Yo soy la Luz en mi camino y en él nada es más importante que Yo.

Veamos otro ejemplo del funcionamiento de nuestro ego. Imagínate a dos amigas que están teniendo una discusión. Una le reprocha a la otra haberse olvidado de felicitarla el día de su cumpleaños. La otra, inmediatamente a la defensiva, insiste en que la llamó y esta no cogió el teléfono. Cada una, convencida de su versión de los hechos, trata de persuadir a la otra de que su versión es la auténtica y la única válida. Aferradas a sus rígidos pensamientos, la tensión aumenta y sus corazones se aceleran, se sienten fatal: una comienza a sentir rigidez en el cuello y dolor de cabeza, la otra siente una tremenda presión en el estómago.

Ambas se sienten rabiosas, tristes, frustradas e incomprendidas; se sienten prisioneras de su propia Oscuridad, emociones que en el cuerpo se traducen en malestar físico. Las dos amigas le están «cediendo su poder» a sus egos y esto trae inevitablemente consecuencias negativas, tanto físicas como emocionales. Sus egos las están «castigando» por materializar la Oscuridad en lugar de iluminarla. Ese malestar es la forma en que el Ser les hace saber que algo de lo que están haciendo o pensando no es bueno para ellas, no es bueno para su evolución, empaña su Luz.

Cada malestar físico o sufrimiento emocional con los que nos enfrentamos a lo largo de nuestras vidas son señales o avisos de nuestro Ser para sugerirnos que hemos de cambiar nuestros comportamientos con Amor, y que de no hacerlo nos estaremos desviando de nuestra responsabilidad de iluminar el camino que escogimos antes de encarnarnos. Estate atento a tus propias señales. En el instante en el que sientas el menor miedo, la menor emoción dolorosa, sensación desagradable o cualquier tipo de malestar físico, pregúntate qué está tratando de decirte tu Ser, qué estás haciendo o dejando de hacer en tu vida que va en contra de tu felicidad.

Volvamos al ejemplo de las dos amigas. Imagínate que en un momento dado una de ellas eligiese prestar atención a su Corazón. Pensaría algo así como: «Bueno, en realidad qué más da. Yo no quiero que estemos enfadadas. La quiero mucho y sé que ella también porque si no le daría igual lo del cumpleaños. Quizá tenga su parte de razón. Le pediré disculpas y la próxima vez si no coge el teléfono insistiré». Este lúcido cambio de dirección en su pensamiento provocaría, de por sí, un alivio inmediato. La Oscuridad, voluntariamente dejada de lado, disminuiría en su interior. ¡Alquimia! La onda vibratoria luminosa, emitida por esa sensación de alivio, sería percibida por el cuerpo energético de la otra chica, por muy enfadada que estuviese.

Al final de la discusión ambas se habrían quitado un gran peso de encima. Muchas de las personas con las que trabajo, cuando me describen la forma en la que se han sentido tras haber tenido una pelea o fuerte discusión con alguien, me dicen que se quedan físicamente agotados, algunas lo comparan a la sensación tras haber corrido un maratón.

> **Recuerda:** Contrariamente a lo que siempre hemos creído, la Oscuridad no es «la mala», no es «mala» en su esencia, solo es peligroso lo que hacemos en ella y con ella. Solo es peligroso lo que hacemos al atravesarla desde el ego.

¡Escoge tu Corazón!

Jodie era una mujer en sus treinta que vino a verme porque llevaba varios meses sumida en una profunda depresión de la que no conseguía salir. Tras haber asistido a una de mis conferencias algo se había desbloqueado en ella, lo suficiente como para salir de casa y venir a trabajar conmigo. En la primera sesión Jodie me relató cómo la ruptura con un hombre era lo que, según contaba, la había llevado a sentirse así de desgraciada. A lo largo de esa primera sesión Jodie ya se dio cuenta de cómo, tras aquella ruptura, había comenzado a escuchar y a darle exclusiva importancia a la voz de su ego. Este le repetía, incansablemente, que nunca iba a ser capaz de encontrar a nadie que la quisiese de verdad. Para rematar la jugada, su revoltoso ego le repetía, una y otra vez, que si no vivía con un hombre, ella, como mujer, no sería capaz de ganarse bien la vida por sí misma. Jodie, atenta y casi obsesionada por esos mensajes de su ego, se había ido sintiendo cada vez peor, cada vez más desesperanzada y agotada. Poco a poco había dejado de apetecerle salir a la calle e incluso había llegado a sentirse tan agotada físicamente que pasaba los días tumbada entre la cama y el sofá.

Jodie, atenta únicamente a su ego, había caído en un círculo doloroso del que no sabía cómo salir. La acompañé para que aprendiera a identificar la voz de su ego y a tranquilizarle con firme cariño. A medida que retomaba su poder, quitándole importancia al ego, se iba sintiendo mucho más libre, vital y alegre. Pasados tres meses y cuatro sesiones más, Jodie, recuperada, decidió montar un negocio propio.

Ya libre de la influencia constante de ese ego, su empresa prosperó rápidamente. Un año después comenzó a compartir su vida con el que, aún hoy, es su compañero.

Recuerda: la Oscuridad quiere que le prestes atención, sí, pero solo con tu Corazón.

Conviértete en el alquimista de tu propia Vida: evoluciona desde tu paz.

Capítulo 6

Las promesas que te hiciste antes de nacer

¿RECUERDAS LAS DOS PROMESAS que, como Ser, te hiciste antes de habitar este cuerpo? No te preocupes, no estás solo. Si eres como el 99,99% de la población, sencillamente las habrás olvidado. La respuesta yace, no obstante, y como siempre, en tu interior.

Permítete retomar el contacto con tu Ser, escucha de nuevo su voz que, desde su Esencia, es Conocimiento puro, y recordarás tú también, natural y fácilmente, todo aquello que te prometiste antes de encarnarte. Recuerda: no hay nada que yo haga o vea que tú no puedas ver o hacer también.

En próximos capítulos te mostraré la técnica que he llamado *Centring* y que te permitirá recuperar ese perdido contacto contigo mismo, con tu Ser, con tu propio Conocimiento y con la felicidad que este contacto provoca en ti.

Primera promesa. **Te prometiste seguir iluminando tu Oscuridad al llevar a cabo tu Misión.**

Antes de nacer escogiste una Misión única. Esa Misión es la manera en la que tú ibas a continuar tu Propósito: la transformación de tu Oscuridad en Luz, durante esta vida terrestre.

Si tu finalidad última, tu Propósito, es seguir evolucionando, aquí también (en el planeta Tierra), a través de tus comportamientos, emociones y tus relaciones; tu Misión es la manera en la que escogiste expresar ese Propósito en esta vida. Para unos, será a través de algún arte; para otros, pasando un mensaje; para otros, siendo un ejemplo de ternura, valentía, amabilidad, etc.

Al haberte olvidado de que, como el taxista, llevabas un «pasajero» —tu Ser—, y de que tu única razón de existir como persona era manifestarlo, te habrás olvidado, tú también, de cumplir tu promesa. Incluso te habrás olvidado de cuál era tu Misión. ¡No pasa nada! Solo te has equivocado. ¡Qué alegría poder recordar ahora, poder retomar tu camino en el eterno presente!

No importa cuánto tiempo hayas estado, equivocada e inconscientemente, fomentando tu Oscuridad. No importa cuánto la hayas aumentado. Tú tienes el poder irrevocable de elegir, ahora mismo y en cada momento, aumentar tu Luz. No importa si llevas veinte u ochenta años en el olvido, tú tienes el poder de aumentar tu Luz ahora, en el momento presente. Solo tienes que elegirlo.

Fíjate en una cosa, ¿qué son ochenta años terrestres comparados con la eternidad de tu existencia? Los años que hayas podido pasar en el olvido en esta vida pierden toda su gravedad en el momento en que eres consciente de esa realidad y decides perdonarte.

Tus Padres, la Esencia Creadora misma en ti, te aman incondicionalmente, no te juzgan, ellos te quieren hagas lo que hagas. Ellos no necesitan perdonarte por tus errores, simplemente te quieren. El Amor no precisa del perdón. El Amor es el perdón, la compasión y también la comprensión. Tus Padres te quieren, y tú ¿te atreves a perdonarte y a quererte?

Segunda promesa. Te prometiste no repetir los comportamientos oscuros que ya habías experimentado en otras vidas

A través de la infinidad de experiencias que, como Ser, ya has conocido, hay una serie de comportamientos, tendencias y actitudes oscuras que ya has utilizado. Antes de encarnarte decidiste no volver a comportarte desde esa Oscuridad ya experimentada en otras vidas. Te prometiste no repetir esos comportamientos equivocados y tan dolorosos para ti.

Las elecciones vitales, que cada Ser haga para facilitarse llevar a cabo esta promesa, se escapan totalmente al entendimiento de la mente humana. El Ser va a escoger nacer bajo unas determinadas circunstancias: lugar de nacimiento, tipo de progenitores, aspecto físico, predisposiciones de salud, etc., que favorezcan en todo momento que no vuelva a utilizar esos comportamientos oscuros de su pasado. Lo que nos puede parecer, desde la limitada, crítica y siempre dispuesta a juzgar, mente humana, algo horrendo, como un bebé que nace en una familia de maltratadores en un país donde prima la miseria y el horror, donde pasa hambre y penurias; no es más que la elección hecha por el Ser de ese humano antes de encarnarse. Recuerda que aunque la mente humana solo vea el tierno y diminuto cuerpecito de un indefenso bebé, la realidad es que eso que vemos es únicamente el vehículo escogido por un Ser que lleva varios siglos, si no milenios, de vida y de experiencia. Desconectados de nuestro Conocimiento solo vemos al bebé indefenso e inocente y nos olvidamos de que el Ser que lo habita ha tenido sus poderosas razones, para escoger esa experiencia vital en particular. La Esencia Creadora en cada uno de nosotros es sabia, es la Sabiduría y el Conocimiento mismos. ¿Pensarías que esa Luz en cada uno de nosotros ha podido «equivocarse»? Solo desde la prepotencia de la ignorante mente humana podemos llegar a pensar algo así. Sí, sé que no es fácil ver el horror y el sufrimiento por el que muchos seres deciden pasar en este planeta, pero desde luego, ni yo, ni tú, ni nadie podemos juzgar esas decisiones.

Imagínate que alguien haya sido en otra vida un tirano maltratador, quizá escoja nacer en una situación social y familiar que le recuerde no volver a repetir esos comportamientos ya utilizados.

Puede ser que escoja sufrir las consecuencias de este tipo de maltrato el mismo o nacer en un país o momento social de guerra o en un grupo social perseguido o marginado. Al sufrir él mismo las consecuencias de ese comportamiento suyo del pasado, tendrá siempre bien presente no volver a hacerlo.

Una persona que haya utilizado principalmente su agresividad en otras vidas escogerá un ambiente que le permita recordar no utilizarla. Es posible que escoja a unos progenitores que utilicen, ellos mismos, la agresividad o quizá elija nacer en un lugar donde los habitantes sean agresivos o existan conflictos violentos.

Una persona que haya sido triste y sumisa en otras vidas escogerá situaciones, personas y lugares que le recuerden ese comportamiento suyo de modo que tenga siempre presente que eso ya no es lo que quiere. Puede ser que escoja una progenitora que manifiesta, ella misma, la sumisión a su marido, o, al contrario, un progenitor que sea sumiso y esté siempre triste. Quizá elija nacer en un grupo social particularmente sumiso o que padezca de una sensación colectiva de injusticia e impotencia.

Un Ser cuya anterior vida haya sido monótona y aburrida quizá escoja nacer en un ambiente que le recuerde su cobardía y le anime a experimentar su valentía, como por ejemplo, ir a nacer en un remoto pueblecito en el campo donde apenas tenga posibilidades de relacionarse con otras personas y con un ardiente deseo de convertirse en cantante. También puede ser, por ejemplo, que ese Ser decida nacer como mujer apasionada por el Derecho en el seno de una familia conservadora donde es la norma, que la mujer no trabaje.

Un Ser que haya experimentado la mendicidad emocional, dependiendo de los otros para su bienestar emocional, quizá escoja nacer en un ambiente donde alguien dependa totalmente de él. De este modo recordará lo dañino de su antiguo comportamiento y tendrá presente no volver a hacerlo él mismo.

Permíteme aclarar que el hecho de que un Ser haya escogido una experiencia vital dura, difícil o incluso horrible a nuestros ojos, no es directamente proporcional al grado de Oscuridad que ha experimentado en otras vidas anteriores. La vida de Hitler en apariencia no ha sido más dura que la de un niño que nace con un doloroso tumor cerebral; no obstante, la Oscuridad con la que llegó, probablemente, sí era superior. Si hay una regla de oro, por la que siempre te puedes guiar, es la de no juzgar a los demás, nunca y bajo ninguna circunstancia. No trates de adivinar si uno u otro Ser es o no muy oscuro por las experiencias que haya escogido atravesar en esta vida. Eso es tan absurdo como tratar de averiguar si alguien utiliza o no su Corazón en función de si es guapo o atractivo. Dale la espalda al juicio y la crítica, déjalos de lado, solo observa desde la incansable bondad de tu Corazón.

Recuerda: Todo el tiempo que pases atento a los demás se lo estarás restando a tu propia evolución.

Y tú, ¿recuerdas qué comportamientos te prometiste no volver a utilizar? Te daré una pista: basta con que te fijes en los comportamientos oscuros que manifiestan tus progenitores para saber qué comportamientos decidiste tú no volver a utilizar.

Tus progenitores son tus maestros en lo que no hacer

En el momento en que como Ser decidiste encarnarte, tenías ya claro que de todas las personas que iban a convivir con la persona en la que te ibas a encarnar, tus progenitores serían aquellos que más fácilmente te podrían reflejar esos antiguos comportamientos tuyos que te prometiste no volver a utilizar.

Sí, por muy sorprendente que te parezca, escogiste a tus padres *
físicos para recordarte qué no hacer. Los escogiste como tus mejores aliados para tu evolución.

---

* A partir de este punto, y para evitar confusiones, utilizaré la palabra *Padres*, con la primera letra en mayúsculas para referirme a los Padres Esenciales y la palabra *padres* con la «p» en minúscula para referirme a los padres biológicos.

Parte II

Recuerda quiénes son tus padres

Capítulo 7

Elegiste a tus padres para recordarte qué no hacer

ANTES DE NACER, como Ser conocedor de quiénes eran tus Padres, escogiste a un hombre y a una mujer, esos a los que hoy llamas papá y mamá, para que se convirtieran en los «fabricantes» de tu cuerpo físico. Tus progenitores son meros reproductores de algo que ha sido previamente Creado, pero en ningún caso eso los convierte en los Creadores de la Vida. ¿Por qué entonces los humanos enseguida les ofrecemos a los padres biológicos el título de Padres? Nuestros progenitores a los que tan erróneamente llamamos «Padres» son los fabricantes de nuestro vehículo, solo nos han reproducido, siendo la Esencia Padre y Madre en nosotros la que nos ha Creado y concebido. Somos hijos de la Esencia Creadora invariablemente amorosa.

Por ofrecerte un ejemplo, piensa en una bombilla. Es fabricada por unas máquinas puestas en marcha y controladas por el personal de la fábrica. ¿Verdad que sería impensable considerar que esas máquinas o los que las controlan sean los creadores, los inventores de la bombilla?

Tus progenitores te sirven de ejemplo en lo que no hacer

Escogiste a tus padres con un único propósito: que te sirviesen de ejemplo en lo que no hacer. Sí, puedes releer la frase para asegurarte de que lo has entendido bien, he dicho ejemplo de lo que no hacer.

Escogiste a estos fabricantes en particular y no a otros, pues de todos sus comportamientos, los oscuros, son los mismos que tú, ya antes de nacer aquí, elegiste no volver a utilizar. Al verlos reflejados en sus comportamientos cotidianos, siempre los tendrías presentes y recordarías fácilmente qué es lo que te habías prometido no volver a manifestar.

Al tratar este tema en mis sesiones o en conferencias, me encuentro, a menudo, con personas que se sienten confusas o incluso ofendidas e irritadas. Por eso, prefiero aclarar, desde ahora, que el hecho de que escojamos a nuestros padres físicos con esos comportamientos oscuros no quiere decir que no puedan tener otros comportamientos luminosos y admirables, simplemente, quiere decir que de todos sus comportamientos, los oscuros son los que a nosotros particularmente nos ayudan a seguir evolucionando.

Tu papá y tu mamá, como todos y cada uno de los seres humanos que habitan en este planeta, tienen un núcleo de Luz también rodeado de Oscuridad. Sí, ellos también tienen comportamientos oscuros, al igual que todos nosotros, y está bien que sea así. Lo importante radica en ser capaces de verlos como son, con sus defectos y sus virtudes, y solo entonces, desde esa lúcida visión de las cosas, poder quererlos libremente o al menos respetarlos si tu historia con ellos ha sido dura o difícil.

¿Y qué pasa con sus comportamientos «buenos»?

Puede ser que, como algunos de mis alumnos, tú también te estés preguntando, ¿y qué pasa con sus otros comportamientos, los «buenos», acaso no está bien que los imite? Esos comportamientos luminosos no se los hemos copiado al humano; pertenecen a la Fuente, surgen en ti, al igual que en ellos, de la Esencia Creadora misma.

Es como un cerezo que en primavera, tras habernos deleitado con sus hermosas flores y habiendo hecho engordar sus jugosas y aromáticas cerezas, por fin deja caer sus frutos. De todos ellos uno germina. Poco a poco termina convirtiéndose en otro precioso cerezo que a su vez da hermosas flores y deliciosas cerezas. ¿Dirías que da flores y frutos porque lo ha imitado de su «padre» el cerezo, o bien la Fuente misma lo ha creado ya con esa capacidad de dar frutos? Al igual que el cerezo no necesita imitar a su «padre» árbol para florecer y dar frutos, nosotros tampoco necesitamos imitar un comportamiento exterior para hacer florecer la Luz que reside en nuestro interior.

Tú también ibas a ser su «maestro»

Antes de encarnarte, desde tu ya infinita compasión o cariño hacia esas dos personas que iban a ser tus progenitores, te prometiste convertirte, tú mismo, en un ejemplo para ellos. No imitando esos comportamientos negativos que no solo utilizaban, sino que te iban a enseñar a utilizar, les ibas a mostrar que existían otras opciones, que escoger la Luz de sus Corazones era una opción válida que los iba a conducir invariablemente a la felicidad y al bienestar total.

Aidan tenía 18 años cuando vino a verme aconsejado por su padre, un acaudalado abogado de Los Ángeles que había asistido a una de mis conferencias. El joven sufría, desde hacía unos meses, fuertes ataques de pánico que lo estaban llevando paulatinamente a pasar sus días confinado en su habitación. El lamentable estado emocional en el que se encontraba estaba afectando seriamente a sus estudios. Su padre temía que de no reponerse rápidamente pudiera perder su plaza en la universidad de Yale.

A los pocos minutos de comenzar la sesión Aidan me contó que había empezado a estudiar la carrera de Derecho como una obvia continuación de una tradición familiar de más de siete generaciones de abogados varones. No obstante, él lo odiaba, su única pasión era actuar.

Aidan se sentía entre la espada y la pared. Por un lado, no quería desilusionar a su padre, especialmente en ese momento en que su madre acababa de morir, y por otro no soportaba la idea de tener que abandonar su sueño de actuar delante de un público.

Tras unas sesiones de trabajo, Aidan se decidió a hablar con su, hasta el momento y para sus ojos, rígido padre. El chico, sincero y cariñoso, le explicó cómo se sentía, le dijo que había decidido dejar la carrera de derecho y que se había inscrito en una escuela de arte dramático. El hombre, en un principio, luchó con uñas y dientes para que retomara sus estudios de derecho, no obstante, pasados unos meses, y viendo a Aidan cada día más feliz y recuperado, vino a darme las gracias. Con lágrimas de felicidad en los ojos, me dijo lo mucho que admiraba a su hijo por haber hecho lo que, en realidad, él mismo no se había atrevido a hacer cuando era joven.

Sí, tú también habías elegido convertirte en el «maestro» de tus progenitores, pero, ¿recuerdas qué te prometiste mostrarles?

Podría ofrecerte innumerables ejemplos de cómo mis alumnos, al hacer cambios beneficiosos en sus vidas, se van convirtiendo en ese maestro, en ese ejemplo que se habían prometido ser para sus padres. Uno de estos ejemplos es el de Martha.

Martha era una mujer de mediana edad que había venido a verme, porque quería aumentar sus ingresos y sentirse más segura financieramente. Martha me contó que su madre era una mujer sumisa y asustada, que nada más enviudar se volvió a casar rápidamente con un hombre que, si bien era verbalmente agresivo y desagradable, le proporcionaba un lujoso techo y le evitaba tener que trabajar.

Martha no soportaba ver en lo que se había convertido su madre, por lo que un día, tras una fuerte discusión telefónica, habían cortado toda comunicación. De eso hacía ya un año. En nuestro trabajo juntas acompañé a Martha a darse cuenta de que hasta ahora ella era quien, imitando a su madre, no se había permitido tener éxito profesional ni ser económicamente independiente. Paradójicamente, a la vez que le reprochaba su comportamiento, ella tampoco había escogido salir de esa misma corriente oscura en la que ambas estaban sumidas.

Unos meses después, cuando Martha encontró un trabajo bien re-munerado que le permitía pasar tiempo en su casa, con su familia, decidió retomar el contacto con ella. Bastaron unos meses para que aquella, hasta ahora sumisa mujer, comenzara a plantearse su vida de otra manera. Le dio un ultimátum a su marido: o comenzaba a tratarla mejor, o se separarían. Para sorpresa de su familia, aquel hombre, aterrado ante la posibilidad de perder a su mujer, me pidió ayuda profesional para salir de ese comportamiento que estaba a punto de arruinar su pareja.

Él, como muchos otros, estaba imitando un comportamiento aprendido de sus propios progenitores; no obstante, su Corazón pudo más que su ego.

El gran contrasentido de nuestras vidas

Si elegimos a nuestros progenitores para recordarnos, a través de sus comportamientos oscuros, qué no hacer y a la vez servirles de ejemplo de lo que sí hacer, ¿no es acaso sorprendente que hagamos precisamente lo contrario? ¿A cuántas personas conoces que no imiten a sus progenitores precisamente en sus comportamientos negativos, de los cuales, además, se quejan?

Aquí es donde nace el verdadero contrasentido de toda nuestra vida: ¿Cómo podemos ser felices o amar cuando nos estamos dando la espalda a nosotros mismos, a nuestra promesa y al cariño o al menos compasión que ya sentíamos por nuestros futuros «maestros»: papá y mamá?

¿No te parece ahora un auténtico contrasentido criticarlos o incluso llegar a odiarlos? ¡Los elegiste desde tu consciencia libre para que te ayudasen! ¡Ellos iban a ser cotidianamente tus maestros!

Quizá, si eres de los que has sufrido una infancia difícil o traumática, te resulte irritante lo que acabo de decir, quizá pienses que tú sí tienes una razón legítima para odiarlos. Quizá seas como algunos de mis alumnos que, en un principio, rechazan totalmente perdonar a sus padres al creerlos responsables de su sufrimiento, de su desdicha, y de toda su dolorosa vida.

Sé que no es fácil crecer con padres tiránicos, maltratadores o abusivos, pero también te puedo decir que, por muy difícil que haya sido o sea tu experiencia con ellos, tú, como Ser, ya los conocías antes de elegirlos. Los escogiste teniendo muy claro cómo eran y lo que querías aprender de esa relación. Quizá, hasta ahora, sumergido en tu dolor te hayas impedido verlo, te hayas negado esa posibilidad de evolucionar perdonando y seguir tu camino libre.

Recuerda: ¡Nadie te juzga! Tus verdaderos Padres —la Esencia Creadora— te quieren y siempre te van a querer incondicionalmente, hagas lo que hagas. Desde su mirada infinitamente amorosa y compasiva ven que solo te has olvidado y que, por tanto, eres prisionero de tu propia equivocación y sufrimiento.

La gran confusión

La sociedad, la religión, la cultura popular y familiar fomentan que te parezcas a alguien externo a ti. Primero a tu papá y a tu mamá, después a los demás miembros de tu familia de origen, posteriormente a los miembros de tu grupo social, a los habitantes de tu mismo país y así sucesivamente.

«Honra merece quien a los suyos se parece», «Bendita la rama que del tronco sale», etc. ¿Te suenan estos refranes?

El mensaje que nos pasan a la hora de educarnos es uniforme a través de los distintos continentes, razas y culturas: «identifícate a tus progenitores» y por tanto olvídate de tus verdaderos Padres. Al identificarnos a nuestros padres físicos, nos olvidamos de Quiénes somos y de qué hemos venido a hacer en esta experiencia terrestre. Olvidados, ignorantes, de que la grandeza de la Esencia Creadora misma habita en nuestro interior, conferimos a nuestros progenitores una especie de «superpoderes» que en realidad pertenecen a nuestros verdaderos Padres Creadores. De alguna manera los convertimos en nuestros «dioses». Les conferimos el título de Creadores.

En lugar de verlos con sus defectos y debilidades propios de la raza humana, y aceptarlos así, tal y como son, les exigimos una serie de comportamientos y nos creamos unas expectativas que por mucho que se esforzasen nunca podrían llegar a cumplir. Nos olvidamos de que ellos mismos, como nosotros, también se han olvidado de Quiénes son.

La incomprendida adolescencia

Según vamos creciendo, descubrimos que los que llamamos «nuestros padres» —nuestros progenitores— no tienen respuestas para todo, descubrimos que no pueden aliviar nuestro sufrimiento y sentimos una profunda decepción. Nos sentimos solos ante el «peligro», fruto del olvido de Quiénes somos, de la Vida.

Es en la adolescencia cuando comenzamos a darnos cuenta de que esos «Dioses» no son tales. Al sentirnos defraudados, los culpamos. Sentimos rabia y al mismo tiempo nos sentimos culpables por sentir rabia contra los que hemos endiosado creándonos un círculo de malestar de difícil solución.

Como ya habrás deducido, es precisamente de aquí de donde surgen todos los llamados «problemas de la adolescencia». Al estar desconectados, los adolescentes, de su propio núcleo luminoso, de repente se sienten solos, se sienten engañados y decepcionados, sin rumbo, sin ilusión, sin nada que llene su profundo vacío existencial.

En realidad, esta etapa de nuestras vidas, que simboliza la entrada en la vida adulta, debería de ser naturalmente una etapa de gozo y celebración, la etapa donde los sueños y las ilusiones profesionales por fin toman forma y podemos manifestarlas. Es la etapa en la que, por fin, podemos manifestar nuestra misión al máximo de nuestras capacidades, es natural, aunque no normalmente, un momento de disfrute, de gozo y de realización personal.

Amor o necesidad

Como ya he pincelado con anterioridad, hay personas que nunca superan esta etapa de diferenciación que supone la adolescencia y llegan a la edad adulta con la creencia infantil de que sus progenitores son perfectos.

En ocasiones me encuentro con alumnos que al pedirles que me digan tres defectos de sus papás o mamás, se sienten ofendidos e indignados de que ose siquiera poner en duda el hecho de que sus padres puedan llegar a tener algún tipo de defecto. Otros únicamente se sienten sorprendidos, dado que nunca se han llegado a plantear que sus progenitores puedan tener defectos.

¿Cómo podemos querer a alguien a quien hemos idealizado? ¿Acaso es posible querer a alguien a quien no vemos cómo es? ¿Los queremos a ellos o a nuestra ilusión de quiénes y cómo son?

Amar implica necesariamente, al menos la lucidez de ver al otro tal y como es: con sus defectos y con sus virtudes, que como seres humanos, nos guste o no, todos tenemos.

¿Te das cuenta de cómo podrían ser las relaciones paternofiliales sin estas falsas expectativas y exigencias del ego?

Capítulo **8**

Y tú, ¿cómo te saboteas?

Sumidos en el olvido y la confusión, nos comportamos desde nuestros egos para evitar sentir las emociones dolorosas fruto de nuestras necesidades emocionales más profundas.

EN ESTE PLANETA, incansable viajero por nuestro oscuro universo, todos y cada uno de nosotros manifestamos una serie de comportamientos y pensamientos oscuros, más o menos destructivos, que utilizamos para sabotear nuestra felicidad en el día a día. Esos comportamientos y pensamientos son precisamente aquellos que nos prometimos no volver a manifestar y son, en su mayoría, imitados, aprendidos o copiados de otros.

Pero, ¿cuál es la razón de que elijamos utilizar esas oscuras formas de pensar y esos comportamientos copiados?, ¿qué nos hace imitar a nuestros progenitores precisamente en su Oscuridad?, ¿qué nos lleva a escuchar a nuestros egos por encima de nuestros Corazones?

En el momento en que nos olvidamos de Quiénes somos y de que, como todos, somos amados por la Esencia misma que habita en nuestro interior, buscamos el Amor y los modelos a seguir fuera de nosotros mismos; buscamos ser queridos, reconocidos, sentirnos pertenecer a algo más grande que nuestros cuerpos; buscamos la seguridad que no recordamos yace en nuestro propio interior, y así es como buscamos la aprobación y el reconocimiento (confundido con el amor) de nuestros progenitores, incluso a costa de nuestra auténtica felicidad.

El miedo que surge del olvido de nuestra Esencia nos lleva a buscar, por todos los medios, el amor exterior, la aprobación, el reconocimiento y la aceptación. Es como un intento desesperado de que los demás nos quieran y aprueben, ya que nosotros mismos no hemos llegado a hacerlo.

Recuerda que el ego representa la Oscuridad de tu Ser y por tanto, ya viene con sus propias memorias oscuras de sus anteriores experiencias vitales. Tus constantes encuentros con la Oscuridad en tu entorno cotidiano hacen que tu ego recuerde, imite o incluso aprenda esos comportamientos o pensamientos oscuros que después te propondrá para que manifiestes. Al hacerlo, provoca en nosotros un sinfín de emociones dolorosas que tratamos a toda costa de evitar, comportándonos o pensando de maneras, por lo general, igual de oscuras.

¿Recuerdas el ejemplo de las dos amigas que se pelean? La primera lo hará para evitar sentir la emoción dolorosa de saber que lo ha hecho mal, para no sentirse culpable y la segunda peleará para evitar sentirse abandonada y no querida por su amiga.

Estos comportamientos encierran y oprimen al alquimista en ti.

Estos pensamientos, invariables provocadores de sufrimiento, con los que incesantemente nos bombardea nuestro ego, si aún no hemos aprendido a apaciguarlo, no tendrían ningún tipo de repercusión si no fuera porque tocan en nosotros a necesidades emocionales profundas, a esas carencias dejadas por nuestra falta de reconocimiento y de amor por nosotros mismos. Las emociones dolorosas, que nuestros egos saben despertar tan bien, tienen su origen en necesidades emocionales fruto del vacío dejado al habernos olvidado de Quiénes somos, al habernos olvidado de que en nosotros mismos yacen todas las respuestas, toda la felicidad, todos los ingredientes para sentirnos felices y disfrutar plenamente de esta vida.

Imagina, por ejemplo, que eres una chica joven de treinta y tantos años que has quedado para cenar con una atractiva persona que realmente te gusta. Es la primera cita y has pensado ponerte ese vestido que tan bien te sienta y sencillamente ser tú misma. Aquí, tu ego empezará a tentarte; probablemente, te haga temer que no le vayas a gustar lo suficiente como para que esa relación se convierta en la relación sólida y estable con la que sueñas desde hace años. Sin duda, te dirá que ya empiezas a ser mayor y que las oportunidades de que encuentres a tu pareja ideal están disminuyendo. Quizá incluso te diga que como no te cases pronto, terminarás siendo una solterona y que además se te va a pasar la edad de tener hijos. De repente, sientes un torbellino de nervios e inseguridad que solo se apacigua un poco cuando decides salir a comprarte un estupendo vestido nuevo, que no puedes permitirte, y unos, tan altos como incómodos, tacones que estilizan tu figura. El vestido se ha llevado la mitad del alquiler del mes y los tacones seguramente te produzcan un buen dolor de pies y de espalda, pero lo has hecho, aunque te cause sufrimiento a largo plazo, para evitar sentirte rechazada, para evitar sentir la dolorosa emoción de la angustia, del abandono y de la soledad. Esos pensamientos, incontrolados, que te ha propuesto tu ego y que tú has escuchado han tocado, sin duda, a las tres necesidades básicas en ti: seguridad, control y aprobación.

Recuerda: El Corazón no necesita, el Corazón solo es. Las necesidades siempre pertenecen al ego.

Castigo o recompensa

Todos nuestros comportamientos oscuros tienen como única finalidad evitar un castigo u obtener una recompensa. Desde niño has entendido que imitar ciertos comportamientos te iba a ayudar a obtener una recompensa, es decir, contar con el cariño de papá y mamá; o bien te iba a ayudar a evitar un castigo, que al menos simbólicamente, significaba la retirada de su afecto y aprobación. Según fuiste creciendo, extrapolaste estos comportamientos y necesidades a tu entorno, de modo que a día de hoy cada vez que te comportas desde tu ego lo haces para evitar sentir una emoción dolorosa: el enfado de tus amigos o de la sociedad, la pérdida del amor, la pérdida de un trabajo, la desaprobación de los demás, la soledad, la falta de seguridad, etc.; o bien para conseguir sentir una emoción placentera: conseguir el reconocimiento del grupo, una pareja atractiva, gustarle a los demás, ser visto y admirado, sentir seguridad aun sabiendo que es falsa, etc.

Idealmente, un Ser humano en una armoniosa comunicación con su Ser está completamente libre de las necesidades del ego. Esta persona, en sintonía consigo misma, se quiere y se acepta tal y como es. Se sabe amada y apoyada por la Esencia misma. No duda de su propia grandeza y, por tanto, no busca ni necesita el reconocimiento ni la aprobación de los demás. ¿Te apetece?

Las necesidades del ego

Podríamos pasarnos horas y dedicar capítulos enteros de este libro para encontrar la clasificación ideal de todas esas necesidades humanas. Para facilitarnos la tarea, vamos a englobarlas en tres grandes grupos: la necesidad de seguridad, la necesidad de control y la necesidad de aprobación.

Necesidad de seguridad

Desconectados de nosotros mismos sentimos miedo, nos sentimos inseguros y asustados. Vemos la vida como un lugar peligroso en el que hay que luchar para sobrevivir y vemos a los demás como enemigos potenciales.

Estar a la defensiva, atacar, vengarse, sobrevivir, sobreprotegerse y sobreproteger a otros son solo algunos de los comportamientos que se derivan de esta necesidad. ¿Te has fijado en esas personas que siempre están encima de sus hijos, como obsesionados por si les pasase algo malo cuando no existen razones prácticas ni reales que lo justifiquen?

Necesidad de control

Al sentirnos abandonados por la creación misma o, simplemente, al ignorar su presencia en nosotros mismos, dejamos de confiar en nuestras Vidas, sentimos miedo y necesitamos controlar o cambiar a las personas, a las situaciones o a las cosas para evitar sentir ese miedo incontrolable a que algo no vaya según esperamos.

Manipular, forzar, convencer, querer ser «el primero» o el mejor, necesitar tener razón o querer que las cosas se hagan a tu manera. ¿Te suenan? Son solo algunos de los comportamientos que utilizamos para aliviar la necesidad de control del ego humano.

Algunos ejemplos con los que todos nos encontramos, en uno u otro momento de nuestras vidas, podrían ser las madres que manipulan a sus hijos para que se comporten como ellas consideran mejor, o aquellas personas que se hacen las víctimas para conseguir lo que quieren, o esas parejas que necesitan que hagas todo a su manera, o necesitan saber qué haces en todo momento, con quién y por qué. Llevado a extremos, esta es la necesidad que subyace tras toda forma de fanatismo y de rigidez de convicciones.

Necesidad de aprobación

Surge de la falta de amor por uno mismo, de la carencia de autoapoyo. Movidos por esta necesidad de aprobación, buscamos el reconocimiento en los demás: primero en los padres y después en los compañeros y demás.

Algunos de los comportamientos típicos que pretenden paliar esta necesidad son: buscar que nos acepten, que nos den una palmadita en el hombro o que nos reconozcan, gustar, seducir, muchas veces incluso diciendo o actuando en formas que no apreciamos, pero que utilizamos solo para ser aprobado y para gustar.

Seguro que te vienen a la mente un montón de ejemplos de personas que actúan bajo esta necesidad, como aquellos que estudian lo que sus padres esperan de ellos, los que salen con el tipo de parejas que sus progenitores consideran adecuadas, los que se hacen continuamente los graciosos o los listos, o bien los que privilegian al vestir el gustar y el seducir sobre su comodidad, su bienestar y su salud.

Identifica las necesidades que utiliza tu ego

Conocer e identificar las necesidades emocionales que utiliza tu ego te va a permitir, a ti también, comenzar a darte cuenta del origen de tus comportamientos oscuros, de la verdadera razón por la que hasta ahora los has estado usando en tu día a día; te va a permitir comenzar a ser más consciente de qué es lo que provoca en ti esas emociones dolorosas que sientes en tu día a día; te va a permitir empezar a conocer mejor a tu ego y sus vías para manipularte y así salir más fácil y rápidamente cada vez que te sumerjas en un pensamiento, emoción o comportamiento que resulte dañino para ti.

Y ¡tranquilo! No estás solo, todos tenemos que lidiar con nuestros egos a diario. Acuérdate de que hasta ahora «estar en» y «actuar desde» la Oscuridad es la norma más que la excepción en este planeta. ¡Solo perdónate y sigue tu camino en la Alegría!

La medida en la que actuamos en función de estas necesidades en nuestras vidas cotidianas va a ser determinante para llevarnos a utilizar un tipo u otro de los tres roles o papeles principales que desempeñamos en nuestras vidas: el rol del tirano, el de la víctima y el del hiperracional.

Capítulo 9

Los roles que adoptamos

El Ser humano, dormido a su Esencia, adopta unos roles prestados con la única intención de no sentirse solo, de permitirse creer que no está solo.

A LO LARGO DE NUESTRAS VIDAS y desde nuestras falsas personalidades construidas desde nuestros egos, adoptamos una serie de comportamientos y actitudes para ser aceptados y reconocidos: los roles.

Esos roles, ya en nuestra más tierna infancia, nos van a permitir actuar como papá y mamá, al menos inconscientemente, esperan de nosotros; nos van a proveer de su reconocimiento y cariño.

De entre todos los roles, el del tirano, la víctima y el hiperracional, engloban, si no todos, sí al menos a la mayoría de los comportamientos oscuros que manifestamos en nuestro día a día. Si bien es cierto que en función de la personalidad que nos hayamos construido, tendemos a desempeñar unos papeles sobre otros; también lo es que, al menos en algún momento de nuestras vidas, todos desempeñamos los tres.

El rol de tirano

El rol de tirano es el de aquel que busca una víctima, aunque sea simbólica, a la que maltratar.

Este es el rol con el que las personas con las que trabajo o los asistentes a mis cursos o conferencias más difícilmente se identifican. Todos, si nos preguntan, afirmamos que nosotros no maltratamos a nadie. Pero, fíjate en una cosa, ¿no somos nosotros mismos alguien también?, ¿no somos todos en muchas ocasiones auténticos tiranos con nosotros mismos? Cuando te obligas a trabajar en un trabajo que no te satisface, a dormir menos horas de las que necesitas, o cuando te criticas y no te aceptas como eres, o cuando comes alimentos que no te benefician, ¿no estás en todos estos casos maltratándote?

Nuestra naturaleza, como seres humanos portadores de Luz y Oscuridad, nos lleva a todos, invariablemente, a actuar en mayor o medida como tiranos, al menos con nosotros mismos.

Fíjate por un instante en ese comportamiento tan común entre las personas como es criticar. ¿Qué crees que lleva a una persona a criticar más que una fuerte falta de amor, seguridad, madurez interior y de respeto hacia sí mismos? El acto de criticar busca colocar al criticado en un lugar inferior al del que critica. Es una de las formas que los humanos, ajenos a su amor propio, utilizan para tratar de sentirse un poco mejor consigo mismos. Si el otro es «malo», al menos yo no me sentiré tan «malo» o tan solo en mi Oscuridad. ¡Las personas critican solo para sentir que los demás son peores que ellas, con la única intención de no sentirse malas!

El que critica: maltrata, desprecia y tiraniza; aunque, en realidad, él mismo sufrirá el resultado de estos comportamientos, pues cualquier injusticia cometida contra otros solo alimenta nuestra propia Oscuridad.

Recuerda: Los pensamientos oscuros te conectan con las corrientes oscuras y tus comportamientos crean experiencias del mismo nivel energético, es decir, que la persona que critica está atrayendo ser criticado, juzgado o maltratado de algún modo.

Todos sabemos, al menos interiormente, que hay algo que no estamos haciendo bien. A veces el dolor es tan fuerte y la sensación tan insoportable que, para evitar hacerle frente y así ver lo que no va en nosotros, nos dedicamos a buscar los defectos en los demás. Ha llegado el momento de sanar a nuestros egos heridos y de autorizarnos a disfrutar de la vida.

La persona que tiraniza es una persona que invariablemente ha sido tiranizada de algún modo y no ha sabido, podido o querido resolverlo con su agresor. Hay dos razones que llevan al tirano a actuar como tal. La primera es la necesidad de aprobación, en un intento de que su progenitor maltratador le reconozca y le apruebe. La segunda es una forma de hacer pagar a alguien por su rabia acumulada y no expresada, es un acto de venganza; al no poder vengarse de aquel que le tiranizó, lo hace con otro u otros. Entender las razones que hay detrás de este mecanismo no justifica al agresor. Recuerda que todos y cada uno de nosotros tenemos el poder de elegir nuestro Corazón. No obstante, sí nos ayuda a entender, perdonarnos, perdonar y así a liberarnos.

El rol de la víctima

El rol de la víctima es aquel del que busca dar pena con la única intención de manipular a los demás. Es el que prefiere lamentarse que salir de la situación en la que está. La víctima siempre busca a un maltratador del que poder quejarse. Permítame aclarar aquí que no estamos hablando de la víctima real de un maltrato, sino del que busca utilizar ese maltrato para conseguir dar lástima y así obtener un beneficio. Este es el tipo de personas que con menos frecuencia acuden a mis sesiones, y cuando lo hacen es con la única intención de lamentarse para que me de cuenta de lo mucho que sufren y sobre todo de lo malos que son los otros —por lo general, sus padres— y lo buenos que son ellos.

La mayoría de las personas que desempeñan este rol de víctimas se sienten molestas y enfadadas en el momento en que alguien de su entorno trata de ofrecerles una solución a su situación, sea esta cual sea. La persona que desempeña este rol no busca salir de su «desdichada» situación ni mucho menos sentirse feliz, lo que busca es que alguien le confirme lo mucho que sufre y lo dura que la vida ha sido con ella.

Seguramente habrás escuchado este tipo de frases en algún momento de tu vida: «Fíjate en los padres que me han tocado», «Yo tengo mala suerte», «La vida ha sido dura conmigo», «Para ti es fácil» o «Es fácil decirlo», «Yo estoy gafado», «A mí Dios me ha abandonado», «Cómo voy a ser feliz si mi hijo o mi marido…», «Cómo voy a ser feliz si de pequeña me pasó…», etc.

En los más de veinticinco años que llevo trabajando con alumnos a lo largo y ancho de este planeta, me he encontrado con personas que han sufrido duros maltratos y abusos en su infancia. Las reacciones y las formas de contar sus experiencias, en función de su decisión de utilizar o no este rol, son increíblemente distintas.

Recuerdo a un hombre, ya mayor, de un pequeño pueblo de España, que había venido a verme tras la muerte de su mujer. Esto es lo que me comentó en consulta:

Durante la guerra civil española la guardia civil se había llevado a su padre para fusilarlo y él, con solo ocho años, se tuvo que encargar de buscar comida para su madre y sus cinco hermanos pequeños que se morían de hambre. Cada día esperaba a que cayera la noche para que la oscuridad le permitiera ocultarse y salir al campo, donde trataba de encontrar raíces, hierbas o cualquier cosa que sirviese de alimento para su madre y sus hambrientos hermanos. Una noche, al regresar de su arriesgada tarea, su hermana más pequeña, que tenía solo dos años y medio, se colocó en su regazo y mirándole desvanecida, le pidió un trozo de pan al tiempo que cerraba sus ojitos por última vez. Desesperado y atormentado por la muerte de su hermana, a la mañana siguiente salió a buscar comida a plena luz del día. Dos guardias civiles a caballo lo encontraron entre unas hierbas al lado de una gran finca y viendo lo que hacía decidieron darle una lección. Solo tenía ocho años, pero eso no les impidió atarlo cada uno por un brazo y tirar de él mientras avanzaban, durante más de veinte minutos, a lomos de sus caballos. Ya en el puesto de la guardia civil, le dieron una paliza y lo metieron en la cárcel por ladrón. Obligaron a su desesperada madre a pagar para poder sacarlo de allí.

Aún me emociona recordar la increíble ternura de ese hombre, su total falta de maldad, rabia o resentimiento al relatar su dolorosa experiencia. Las únicas lágrimas que derramó fueron al recordar a su hermanita pequeña a la que no pudo salvar de morir de inanición. En ningún momento de la sesión se quejó por lo que él había sufrido o por la injusticia y el dolor de aquella vivencia.

Mandy, por el contrario, era una mujer de clase media que hablaba, tan frecuentemente como podía, de su «desdichada» infancia. Aún hoy lloraba, porque un día que su padre se la había llevado a pasear en carro, se había quedado dormida y su padre, al llegar a la casa, se había olvidado de ella y la había dejado allí dormida. Al despertarse, se dio cuenta de lo ocurrido y no atreviéndose a bajar sola, gritó para pedir ayuda, pero su padre que trabajaba en el interior de la casa no la podía oír. Así que Mandy se resignó a llorar por su desdichada fortuna sintiéndose una pobre niña abandonada y maltratada. Al cabo de media hora su padre se percató de su ausencia y la ayudó a bajar, pero, molesto por la falta de coraje y la pose de pobre víctima que había adoptado la niña, no le ofreció unas palabras de consuelo.

Aún a sus sesenta y pico años Mandy se lo reprochaba; se quejaba de la crueldad y el abandono que había sufrido de aquel hombre basándose únicamente en aquel, para ella, terrible suceso. Lo hacía como regocijándose una y otra vez en aquel dolor por el que podía sentirse una víctima y del que podría acusar y responsabilizar a su padre. Así al menos tenía a alguien a quien hacer responsable de su vacío.

Por mucho que hayamos sufrido o estemos sufriendo en estos momentos, siempre tenemos el poder de elegir: permanecer en el dolor recreándolo una y otra vez y así convertirnos en las víctimas de nuestros padres o cuidadores, las circunstancias o la vida; o bien retomar las riendas de nuestra Existencia y convertirnos en auténticos supervivientes y ejemplos de Luz para otros.

La Esencia en ti busca que la manifiestes en la misma medida que tu Oscuridad busca que la ilumines. La persona que actúa desde la energía de la víctima se está conectando a corrientes energéticas que le harán recrear el sufrimiento una y otra vez.

A la capacidad que tienen algunas personas de asumir con flexibilidad situaciones límites y sobreponerse a ellas, la psicología lo llama *resiliencia*. La *resiliencia* no es más que la decisión inmediata de estas personas de reenfocarse inmediatamente en sus Corazones. Cuán importante es educar a todos los niños, desde muy pequeños, en no quedarse llorando sobre sí mismos cada vez que se encuentren con un obstáculo en sus vidas: ya sea una caída, una pérdida o cualquier frustración. Una cosa es llorar para soltar ese dolor y otra es prolongarlo y regocijarse en el sentimiento. Es tan importante que aprendan a soltar el dolor que ese obstáculo les provoca a perdonar si es necesario, como lo es que inmediatamente retomen su bienestar de niños. Los pequeños así educados, ante las adversidades con las que se puedan encontrar en sus vidas humanas influenciadas por sus egos, elegirán levantarse y retomar su camino en y desde la Luz. ¿Y cuál será el resultado? Pues, felicidad y bienestar en abundancia.

El rol del hiperracional

La persona que desempeña este rol, privilegia tanto el pensar sobre el sentir que llega a anestesiar sus emociones. El hiperracional es el que piensa que siente.

Seguro que has escuchado alguna vez este tipo de expresiones: «Creo que le quiero», «Pienso que deberíamos casarnos», «Pues claro que los quiero, son mis padres/son mis hijos», etc. Fíjate bien en este último ejemplo: cuántas personas aseguran querer a sus padres únicamente porque son sus padres, es decir, porque socialmente debe ser así, porque piensan que tienen que quererlos. Pero, en realidad, ¿qué tiene que ver el deber con el sentir?

Hay personas que cuando hablan de sus parejas lo hacen utilizando un sinfín de descripciones de comportamientos o aspectos físicos, pero no utilizan ningún término que aluda a sus emociones o a las del otro. Por ejemplo, «Fulanito es fantástico», «Es abogado», «Es muy inteligente», «Está como un tren», «Es muy atento», «Es simpático, además tiene mucho dinero», «Es un padre estupendo», «Me lleva a cenar a los mejores restaurantes», «Tiene mucho gusto para vestir y mucha clase»... Esta es la típica descripción que haría una mujer hiperracional. Fíjate en la diferencia con esta otra descripción hecha por un hombre en armonía con sus emociones: «Fulanita es maravillosa», «La quiero con pasión», «Me siento enamorado», «Su sonrisa me provoca una ternura indescriptible», «Me siento feliz a su lado», «Cuando la miro me siento el hombre más feliz del mundo», etc.

Joy tenía treinta años cuando vino a trabajar conmigo decidida a sanar su, desde siempre, difícil relación con su padre. Según contaba, él era frío con ella y nunca le había mostrado cariño. No obstante, Joy estaba segura de que su padre en el fondo la quería. Joy, por alguna razón, se había formado la idea de que ella era la responsable de que ese hombre se comportara de esa manera con ella. Sentía que quizá había sido muy arisca de niña o muy contestona o que quizá nunca le había dado la oportunidad de ser cariñoso con ella. Se sentía culpable y justamente castigada.

Joy, sintiéndose poderosa y lúcida tras nuestra primera sesión de trabajo, no perdió ni un segundo y fue a verlo. Decidida, le habló de lo mucho que le dolía la frialdad de su relación y de cómo le gustaría que la situación cambiara. Viendo que el hombre no reaccionaba, decidió exponer su Corazón y le dijo que le quería ofreciéndole un tierno y cariñoso abrazo. Para la sorpresa de Joy, él ni siquiera se inmutó. Sencillamente se quedó allí, inmóvil, sin responder al abrazo de su hija. Meses más tarde, este hombre vino a verme, tras haber sido diagnosticado con un cáncer. Alan, que así se llamaba, no sabía cómo lidiar con el dolor que le había provocado que su padre biológico abandonase a su madre y se desinteresa totalmente de él cuando solo tenía seis años.

Pudo darse cuenta de que su frialdad y falta de emociones había sido su forma de pseudoprotegerse del dolor, de dejar de sentirse culpable (por creer haber hecho algo «malo» que hubiese provocado la partida de su padre). Durante sus sesiones fue dándose cuenta de que para no volver a sentirse abandonado o traicionado por nadie, sencillamente se había impedido sentir, se había impedido querer. Alan, al irse liberando de su dolor y de su miedo a sentir pudo sanar, poco a poco su relación con Joy.

El peligro de no sentir

Las personas que se protegen detrás del rol del hiperracional, al no sentir, pueden pasar sus vidas sin ningún tipo de emoción ni satisfacción. Hacen lo que deben hacer o lo que piensan que deben hacer sin tener en cuenta sus sentimientos ni emociones. Este rol llevado al extremo puede ser sumamente peligroso. ¿A qué crees que se deben todos esos horribles asesinatos de adolescentes o jóvenes en las universidades e institutos? Estos jóvenes han llevado el no sentir a tal extremo que ya no son capaces de distinguir la Luz de la Oscuridad, lo bueno de lo malo.

Si hablamos de la educación que se les da actualmente a los niños, ¿qué fomenta más: las emociones y el sentimiento o la oscura frialdad del pensar sin sentir? Los niños en edad escolar se pasan largas horas sentados en un aula dándole importancia exclusivamente a sus mentes. No solo estar sentados en la misma postura durante tanto tiempo es perjudicial para sus sistemas nerviosos y sus cuerpos en pleno crecimiento, sino que el priorizar exclusivamente sus mentes olvidándose de las emociones, los conduce invariablemente a un sufrimiento que aprenden a normalizar.

En la educación convencional todos aprendemos ya a sufrir. El maltrato se convierte en una norma, se convierte en lo que «está bien».

¿Qué hacen los niños cuando llegan a casa después de pasar largas horas en sus colegios o institutos?, ¿qué hacen los fines de semana, días festivos, durante las vacaciones, cuando viajan en coche o incluso sentados a la mesa mientras esperan que les llegue la comida en los restaurantes? Salvo raras excepciones, se enganchan a los teléfonos móviles, la televisión, el ordenador o los videojuegos. Aparte de que estas actividades les hacen evadirse de su mundo emocional, la programación de la televisión y la temática de los videojuegos fomentan que, poco a poco, los menores se desensibilicen, que dejen de sentir.

Una gran amiga, que trabaja como guionista para Hollywood, me cuenta a menudo, cómo tiene grandes dificultades para vender sus guiones si no incluyen grandes explosiones, efectos especiales o escenas que realmente sobresalten intensamente al espectador. La finalidad del cine siempre ha sido la de provocar emociones. Las personas van a ver películas para permitirse sentir un rango de emociones que normalmente no se autorizan a experimentar en su vida cotidiana. En ese ámbito seguro del cine, pueden sentir de una forma segura, sin que nadie los vea. Actualmente, el principal público que visita las salas de cine son los jóvenes y adolescentes. Hollywood, no ajeno a esta tendencia, produce películas cuya intensidad emocional sea capaz de conmoverles. La industria del cine es consciente de que los jóvenes, acostumbrados a no sentir, precisan de impulsos extremos para reaccionar. Hace años las personalidades de los siete enanitos de Blancanieves y la ternura que trasmitían era suficiente para vender una película y conmover a un amplio público, hoy la importancia la tiene la realmente maléfica bruja que toma el protagonismo de la historia. Necesitamos alienígenas, asesinos, zombies, vampiros, explosiones, muertes, golpes, tiros e infinidad de efectos especiales para convencer a los jóvenes de ir al cine. ¿Desensibilización extrema?

Una joven alumna que trabaja en una gran distribuidora de cine en Los Ángeles, tiene como parte de sus funciones la de visionar todas las películas antes de que salgan en la gran pantalla. En una sesión me comentó cómo ella y todo su equipo de jóvenes talentos reaccionaban de las formas más inesperadas, principalmente con risas, antes escenas de terror, horror o extremo sufrimiento.

La falta de emociones es un mal que acecha sobre este planeta, especialmente en el «inteligente» mundo más evolucionado.

En la educación de nuestros hijos no hay espacio para la emoción, no hay espacio para el Ser. Se potencia el pensar sobre el sentir, para después extrañarnos de las atrocidades que leemos en las noticias o aún peor, para tener que vivir sus consecuencias.

Retoma tu conciencia y libérate

Pero ¿qué nos impulsa a adoptar esos, siempre, dañinos roles? Como siempre, lo hacemos para imitar a papá y a mamá o para representar el rol que ellos esperaban de nosotros. Tanto en un caso como en el otro no deja de ser una forma inconsciente de buscar su aprobación. La adopción de estos roles es la forma que tiene el

Ser humano, dormido a su esencia, de no sentirse solo, de permitirse creer que no está solo.

Sácalos a la luz

Es probable que hayas escuchado alguna vez el chiste de aquel policía que, haciendo su ronda nocturna, se encuentra a un hombre que busca sus llaves, muy preocupado, bajo la luz de una farola. El amable policía se ofrece a ayudarle y ambos buscan afanosamente las llaves perdidas. Al cabo de un buen rato el policía se extraña de que no las hayan encontrado todavía, así que le pide que le diga exactamente qué estaba haciendo cuando las perdió. El hombre le explica que se le cayeron del bolsillo mientras se bajaba de su coche. El policía, indignado al ver que el coche está a unos veinte metros de donde ellos buscan, le pregunta molesto qué hacen buscando allí, y el hombre le responde que sería una tontería buscar donde se le cayeron pues está demasiado oscuro para ver con claridad. Sí, es cierto que esta técnica no es muy efectiva para encontrar unas llaves, pero sí que nos sirve como recordatorio de qué hacer en el momento en que decidimos liberarnos de nuestros habituales comportamientos oscuros para iniciar un nuevo camino: hemos de traerlos donde hay Luz, hemos de hacerlos aflorar a la superficie luminosa de nuestra consciencia para así soltarlos y sustituirlos por otros más beneficiosos para nosotros.

En lugar de quejarte desde el ego y pedirle que trate el problema (cosa que no puede hacer al no ser su función: el ego no construye, solo destruye), reflexiona sobre ese problema desde el Corazón. Un ejemplo que suelo darle a los asistentes a mis seminarios y conferencias es: naturalmente, ¿a quién le pedirías apoyo si tienes un problema: a un buen amigo o a un enemigo?

Para poder liberarte de estos comportamientos y formas de pensar, habrás primero de identificarlos.

LOS COMPORTAMIENTOS MÁS HUMANOS

Hay una serie de comportamientos que los humanos tendemos a repetir a lo largo de la historia. Esta no pretende ser una lista exhaustiva de comportamientos, sino sencillamente una guía que te acompañe para identificar, en ti, qué comportamientos tiendes a utilizar en tu cotidiano.

Acusar

El Ser humano tiene tendencia a acusar a los demás, a responsabilizar a los otros de cualquier cosa que le ocurra. Cuando tenemos un problema, la tendencia inmediata es encontrar un culpable, incluso cuando somos muy conscientes de que hemos sido nosotros quienes nos hemos equivocado.

Te voy a exponer un ejemplo de un comportamiento que, aunque contado ahora, pueda resultar cómico, no le hacía ninguna gracia al que lo padecía.

Hace ya unos años conocí a Norma, una artista que, pasado un tiempo, se convirtió en una buena amiga. A Norma le costaba mucho reconocer las cosas cuando se equivocaba. Tanto es así que, cuando veía que no tenía razón y que no tenía forma de responsabilizar a alguien de sus acciones, decía: «Pues si he hecho eso, es porque lo has atraído tú». Claro, Norma no dejaba de atraer que otras personas la acusaran a ella y pronto terminó quedándose sin amigos. Su situación no cambió hasta que entendió las consecuencias de sus continuas acusaciones, se perdonó y comenzó a asumir la responsabilidad de sus actos.

Si te sorprendes en un comportamiento acusador, lo primero que puedes hacer es pararte y perdonarte. Con la atención puesta en la planta de los pies, pregúntate: ¿en qué me siento mal conmigo mismo?, ¿qué me molesta del comportamiento de esta persona hasta el punto de acusarla?, ¿qué mueve en mí?, ¿qué me recuerda?

No reconocer

Este comportamiento se deriva del anteriormente descrito. Siempre que acusamos a alguien, en realidad, no estamos reconociendo nuestra responsabilidad en lo ocurrido.

Imagínate, por ejemplo, a una persona que ha tenido un pequeño accidente y ha golpeado al coche de delante. Lo habitual es que su diálogo se parezca a uno de estos: «Es que había llovido y el asfalto estaba mojado», «Un coche que venía de frente me deslumbró», «El muy... frenó de repente», «Los frenos no han funcionado», «Este coche es una porquería», «Alguien me distrajo», «No debió pararse ahí», «La gente ya no sabe conducir», «Mis lentillas están mal graduadas», «Las pastillas que me recetó el médico para dormir están afectando a mis reflejos» o incluso llegamos a acusar a una parte de nuestro cuerpo: «La pierna no me ha respondido». Todo con tal de convencernos de que nosotros no hemos sido los responsables, los «culpables» de nada.

Una respuesta dictada desde el Corazón, libre de necesidades emocionales, se parecería más a esto: «Sí, es verdad, no estaba atento y no he frenado a tiempo».

Las necesidades de aprobación y de seguridad están en la base de este comportamiento tan dañino para el que lo manifiesta. Inseguros, tememos que si los demás «descubren» que no somos perfectos, perdamos su cariño. Interiormente todos sentimos que algo no funciona en nosotros, pero no podemos soportar la idea de que los demás también lo vean. ¡Cuánto alivio sentiríamos todos, al darnos cuenta de que no estamos solos en este miedo, de que no somos los únicos en sentirnos «malos» o «defectuosos»!

Cada vez que te des cuenta de que no estás reconociendo algo que tú hayas hecho o en lo que tengas al menos algún grado de responsabilidad, párate de inmediato, perdónate y reconoce tu error. Es sorprendente la cantidad de veces que creemos que alguien nos va a rechazar si reconocemos que nos hemos equivocado cuando es precisamente lo contrario: cuanto más reconocemos, más nos aprecian. Las personas aprecian la sinceridad y la humildad en los demás. Y, ¿por qué será?

Imagina que tu pareja se ha olvidado de vuestro aniversario y para tratar de arreglarlo se inventa una sarta de excusas a cual más increíble. Dado que es tu pareja, la quieres y conoces lo suficiente como para saber que lo que te cuenta no es cierto y eso te duele aún más que el olvido en sí. Y si en lugar de no reconocer que se ha olvidado, sencillamente te dijese: «Es cierto, lo siento muchísimo mi vida, me he olvidado. Pero de lo que no me olvido nunca es del amor que siento por ti. Déjame compensarte ofreciéndote una romántica cena en el lugar donde nos conocimos». ¿Verdad que el resultado sería totalmente distinto?

Quejarse

Quejarse es una práctica muy común en toda la raza humana. Nos quejamos de todo: del tiempo, de los políticos, de nuestros padres, del sistema, de la contaminación, de que el dinero esté «mal repartido», de los desastres naturales, del coste de las cosas, etc. Nunca ha dejado de sorprenderme cómo muchas personas, cuando llueve, se quejan diciendo «Qué asco de tiempo» y cuando hace sol: «Qué calor más horrible». Cuando hay sequía se quejan de la sequía y cuando vuelve a llover inmediatamente se quejan de la lluvia.

Quejarse es una forma de evitar lidiar con nuestros problemas y el malestar en lugar de asumir nuestra responsabilidad sobre ellos. Mientras podamos quejarnos, de nuevo, sentiremos que hay algo exterior a nosotros que es el responsable de nuestros males. De esta manera permanecemos en la inacción y la Oscuridad dictada por nuestros egos.

Mientras nos quejamos estamos acusando y responsabilizando a otros de nuestra felicidad e incluso de nuestra evolución. Pero, ¿es que puede alguien ser feliz por nosotros?

Cada vez que te sorprendas utilizando la queja, plantéate qué puedes hacer tú para que esa situación cambie. Quizá, en ocasiones, no se trate tanto de cambiar una situación, sino de cambiar nuestra respuesta emocional hacia la misma. ¿Conoces a algún niño a quien no le guste la lluvia, a quién no le guste saltar sobre los charcos y empaparse? Quizá se trate más de recuperar tu perdida alegría de vivir.

Criticar

Criticar es una práctica tan común, que para algunas familias y amigos es, de hecho, el deporte preferido, el entretenimiento más practicado. Alejadas de sí mismas y así ajenas a su propia riqueza interior, las personas tienen poco que ofrecer a los demás, tienen poco que compartir. Criticar a los demás les permite llenar ese hueco dejado por su falta de presencia.

¡Qué mal hemos de sentirnos con nosotros mismos para necesitar rebajar a otro!

En el momento en que sanamos nuestra relación con nosotros mismos y comenzamos a perdonarnos, la necesidad de criticar disminuye enormemente, hasta el punto de desaparecer por completo de nuestras vidas. Una vez que tu ego está tranquilo, que se siente seguro y protegido contigo, ya no necesita criticar, ya no necesita competir ni sentirse superior a los demás.

Manipular

Este es el comportamiento más utilizado por los que interpretan el rol de la víctima: manipular a los demás para que hagan o digan lo que más les conviene. Unos manipulan dando pena; otros, sin embargo, lo hacen con sutilidad y ardua inteligencia. Si tú también utilizas este comportamiento, habrás de estar muy atento para poder identificarlo en ti. Un ego manipulador está acostumbrado a hacer lo que él quiere, siempre.

Al manipular estamos asumiendo que no podemos conseguir lo que queremos por otras vías distintas y más adecuadas para nuestra evolución.

En el momento en que decidimos tomar las riendas de nuestras vidas y utilizar nuestro Corazón para construirla, la necesidad de manipular se desvanece por sí misma. En el momento en que tu ego entiende que ya estás tú para ofrecer todo lo que quiere y necesita, se tranquiliza y deja de enviarte mensajes exigiéndote que lo obtengas manipulando a los demás.

Seducir

Es una variante muy común del comportamiento manipulador.

Complacer

Las personas que complacen actúan en función de cómo los otros quieren que lo hagan con la única intención de obtener su aprobación y cariño. Es una variante de la manipulación, pero con sus propios matices.

Seguro que recordarás o habrás visto alguna vez aquellas publicidades de los años cincuenta en las que se pretendían realizar los valores del ama de casa americana. Esos anuncios pretendían convertir a las mujeres de esa época en perfectas complacientes. Pretendían que se transformasen en lo que al hombre de ese momento le convenía: una perfecta ama de casa que lo tuviese todo limpio, bien planchado, cocinase, cuidase de los hijos, estuviese siempre perfectamente vestida y maquillada y de ser posible que no expresase su opinión sino que repitiese, muy sonriente, la de su marido.

Fíjate si eres capaz de mostrar y defender tu propia opinión de las cosas, tus propios gustos y valores; si necesitas que los demás te aprueben hasta el punto de casi convertirte en otra persona por ellos. De ser así, como siempre, perdónate y disponte a recuperar tu poder.

Someterse

Someterse es el comportamiento que se deriva de llevar al extremo la necesidad de complacer al otro. Consiste en someterse a la voluntad de otro olvidándose por completo de los propios deseos y necesidades. Es la anulación total de nosotros mismos, de nuestra personalidad e identidad. Es el maltrato más grande al que podemos someternos a nosotros mismos y a nuestros seres. Someterse equivale a ponerle un esparadrapo a la voz de nuestro Ser y hacerle callar para siempre.

El sometimiento crea una rabia interna y una frustración extremas que son además acalladas y ahogadas de continuo por decisión del que se somete. Estas emociones enterradas tienen la fuerza de crearnos dolorosas enfermedades e incluso, en ocasiones, peligrosos e incontrolables estallidos de ira. Seguro que habrás oído alguna vez hablar de esas personas que parecían muy tranquilas y que de repente un día cometieron un asesinato.

Si te sorprendes en este doloroso comportamiento dictado por tu ego, no pierdas un instante para retomar las riendas de tu vida y liberarte de toda la frustración que sin duda te habrán creado y acumulado *.

---

* En el capítulo 21 te ofrezco la técnica de *Breathe it out* para ayudarte a liberarte de la rabia y todo tipo de emociones dañinas dictadas por tu ego.

Agredir

Es el comportamiento típico del tirano y posee muchas caras oscuras: someter, ridiculizar, hacer sentir inferior, despreciar, pegar, maltratar físicamente, abusar, etc. Por otro lado, es uno de los comportamientos más fácilmente identificables en el momento de utilizarlo.

Las personas que utilicen los grados más dolorosos de estos comportamientos, necesitan identificarlos y buscar rápidamente la ayuda que les permita canalizar su rabia de maneras sanas, evitando continuar agrediendo a otras personas.

Recuerda que el que agrede, por lo general, no solo ha sido previamente agredido, sino que además no se ha permitido resolver esa agresión con su autor. Para liberarse de ese peligroso automatismo agresivo habrá de atreverse a mirar de frente a su propio dolor enterrado, habrá de perdonar y perdonarse, habrá de permitirse liberar la rabia, la frustración y el deseo de venganza que tan firmemente habían sido guardados en su interior.

Utiliza a diario la técnica *Breathe it out* para liberarte de la rabia contenida.

Vengarse

La venganza reza algo como: «Si tú me has hecho daño, ahora te lo hago yo a ti». Es un comportamiento que no solo ha sido compartido por casi todas las culturas y a lo largo de la historia, sino que en muchos casos ha sido bien vista como algo justo y equitativo: la Ley del Talión, el *katakiuchi*, la vendetta, el «ojo por ojo, diente por diente» del Antiguo Testamento, etc.

La venganza es el comportamiento opuesto al perdón y, por tanto, a la Luz, a tu Corazón y a tu evolución.

Date cuenta de lo presente que está este comportamiento en la mentalidad de muchas sociedades, que incluso es la base de las películas del género *western:* el protagonista es una persona inocente que ha sido agredida y se pasa el resto de la película buscando a su antiguo agresor para vengarse. Y lo más curioso es que todos nos quedamos con la sensación de que el protagonista ha hecho lo correcto, lo que debía hacer.

La venganza nos convierte a nosotros mismos en agresores, es un comportamiento oscuro que solo puede traernos resultados dolorosos.

Si la venganza ronda por tu vida, perdónate de inmediato y sigue leyendo. Pronto descubrirás las ventajas prácticas que te ofrece el perdón sobre la venganza en cualquier momento de tu vida.

Dejar para mañana lo que puedes hacer hoy

Este comportamiento tan común entre los jóvenes, y no tan jóvenes, produce ansiedad y falta de paz y de satisfacción en el que lo practica, aparte de ser irritante para los que lo rodean o trabajan con él.

La Luz es sinónimo de acción, es movimiento, es creación en movimiento. El dejar las cosas para un futuro que no suele llegar es, por tanto, sinónimo de Oscuridad y solo puede traerte consecuencias dolorosas.

Capítulo 10

Los mensajes que nos hemos creído

El Ser humano necesita creer en algo exterior, pues ni siquiera ha intentado mirarse y, menos aún, quererse a sí mismo.

EL HUMANO, al olvidarse de Quién es o, lo que es lo mismo, al olvidarse de su poderoso Corazón, siente miedo, que no es otra cosa que falta de Luz y de lucidez. Se siente solo en la inmensidad de este universo oscuro. Durante siglos, para evitar sentir ese miedo, se ha ido creando una serie de férreas normas, creencias, convenciones y referencias que le «ayuden» a vivir, o más bien a sobrevivir.

Al habernos olvidado de Quiénes somos y, por tanto, de nuestra Esencia, dejamos de escuchar la voz de nuestro Ser, que desde su núcleo de Luz es Conocimiento puro. Alejados de nuestro propio Conocimiento, nos sentimos indefensos ante la incomprensible e inexplicable, desde la mente, inmensidad de la Vida. Y es en ese momento en el que comenzamos a asumir las «verdades» sociales como propias y a vivir nuestras vidas en función de ellas.

Algunos de los mensajes sociales que todos aceptamos en mayor o menor medida y que han repercutido grandemente en la forma en que el Ser humano ve la vida son:

- La vida solo existe aquí en el planeta Tierra.
- Esta vida es la única que existe y vas a tener.

- Has de ser perfecto.
- Tu felicidad depende de algo exterior a ti.
- Todo en esta vida es mera cuestión de suerte.
- Ser feliz es un acto egoísta.
- Somos únicamente lo que vemos.
- La enfermedad es algo normal.
- Hay que trabajar largas horas para vivir.
- La sociedad, tus padres, etc., son los únicos que saben lo que es bueno para ti.

Estos errados mensajes sociales han sido grabados por la memoria de nuestros egos que, en mayor o menor medida, nos han hecho creer que eran ciertos, limitando así nuestra felicidad, paz y disfrute cotidianos.

Acompáñame hasta el final de este libro e irás encontrando en él, tú mismo, la forma de rebatir a todos y cada uno de estos mensajes que tanto daño, sin duda, te habrán causado en tu existencia terrestre, al menos hasta este momento.

Los mensajes que nos propone el ego

Al igual que a un nivel social nos trasmiten mensajes que influencian nuestras vidas, nuestro ego también nos propone una serie de mensajes, ideas o pensamientos que tienen la fuerza de afectar negativamente a nuestras vivencias cotidianas.

Los mensajes grabados por nuestros egos, nos hablan sobre nosotros mismos, sobre los demás y sobre la vida en general.

Sobre nosotros mismos: «Eres tonto», «Eres un patoso», «Quítate del medio», «Nunca llegarás a ningún sitio», «Deja de soñar», «Eso no es para ti», «No puedes tener eso», «Ojalá fueses como...», «Eres insoportable», «Eres igualito a tu fracasado padre», «Eres tan... como tu madre», etc.

Sobre los demás: «No te fíes ni de tu padre», «No confíes en los extraños», «Los hombres son todos unos niños», «Los ricos son estafadores», «Los pobres se ganarán el cielo», etc.

Sobre la vida en general: «El dinero no crece en los árboles», «La vida es muy dura», «Dios es injusto», «Nosotros no tenemos suerte», «Estar enfermo es normal», «Hay que trabajar muy duro para llegar a ser alguien», etc.

Puedes estar preguntándote: ¿cómo es que el ego nos propone esos pensamientos oscuros que tanto daño nos hacen, que tanto nos duelen? ¿Cómo sabe el ego qué es lo que más nos puede afectar a cada uno de nosotros en particular?

Desde el momento en el que nacemos estamos rodeados por un continuo bombardeo de mensajes de nuestros cuidadores. Dado que tus cuidadores estaban, ellos mismos, sumidos en el olvido de su verdadera Esencia y guiados, ellos también, por sus asustados y alterados egos, la mayoría de esos mensajes han sido dictados por sus egos y por tanto son oscuros, dolorosos o limitadores.

Los mensajes de «protección» que te ofrece tu ego

Nuestros egos, totalmente identificados con la Oscuridad de nuestros progenitores, van a considerar esos mensajes como las únicas y auténticas reglas de vida. El ego, miedoso por su oscura naturaleza, va a aferrarse a esos mensajes que absorbe durante los primeros años de tu vida humana, en un intento de sentirse seguro, de sentirse a salvo de los peligros de la vida. Para él son mensajes de protección, de modo que te los repetirá constantemente a lo largo de tu vida, hasta que decidas tranquilizarle y reeducarle.

¿Te das cuenta de que no solo has escuchado esos mensajes de tus cuidadores, sino de ti mismo, de tu propio ego, una y otra vez?

Están tatuados, impresos a un nivel energético, en todas y cada una de tus células.

¿Ves ahora por qué hay tal cantidad de personas en todo el mundo sufriendo de trastornos de ansiedad, de estrés, de miedo o de depresión? ¡Cómo no! Es como tener a alguien en nuestro interior continuamente repitiéndonos cosas que nos hacen daño, que nos asustan, que nos desvalorizan y provocan inseguridad.

Y como encima ese alguien somos nosotros mismos, es una parte nuestra, le concedemos toda la credibilidad.

Capítulo 11

Haz tú lo que yo no he hecho

Permítete triunfar en todo lo que tú te propongas desde y con la ayuda de tu infinitamente luminoso Corazón.

EL TÍTULO DE ESTE CAPÍTULO debería ser: Haz tú lo que yo no he hecho, pero no demasiado.

La humanidad tiene una obsesión por la perfección. En nuestro interior sentimos la gran dicotomía existente entre la perfección del núcleo de nuestro Ser, de la Luz en nosotros, y nuestros actos y pensamientos de la vida cotidiana, conducidos por nuestros egos, en gran medida, al menos hasta ahora. Ese sabernos imperfectos nos lleva, desafortunadamente con frecuencia, a procrear sistemáticamente, a tener hijos para que al menos una parte «nuestra» consiga esa «perfección» que nosotros no hemos logrado.

¿Te das cuenta de lo diferentes que serían las cosas si todos los seres que se encarnan en este plantea nacieran del amor incondicional?

A lo largo de la historia la humanidad ha buscado, casi obsesivamente y sirviéndose para ello de la educación, que los hijos se parezcan a sus progenitores. Creamos clones nuestros para poder identificarnos con ellos y les exigimos que hagan lo que nosotros no hemos hecho. Es una manera inconsciente de expiar la culpa que sentimos.

El problema es que, al mismo tiempo que buscamos que nuestros hijos se parezcan a nosotros y les pedimos que sean todo lo perfectos que nosotros no hemos sido, a un nivel inconsciente, tampoco queremos que lo hagan mejor que nosotros, no queremos que nos sobrepasen para no sentir que lo hemos hecho mal.

¿Te imaginas el caos y la confusión fruto de estos dos mensajes opuestos y enfrentados en nuestro interior? «Sé perfecto, pero no se te ocurra serlo, no vaya a ser que me superes.»

Me está viniendo a la memoria ahora Nathalie, una joven cantante que, hace unos años, trataba de abrirse camino en el panorama musical francés.

Nathalie llegó a verme, pues, si bien deseaba triunfar en el mundo de la canción, no llegaba a conseguir que ningún productor discográfico se fijara en ella ni en su música. En nuestra primera sesión juntas me contó que su madre también había sido cantante y aunque no muy conocida en su país natal, sí había tenido cierto éxito en Latinoamérica.

La madre de Nathalie la había animado, ya desde muy pequeña, para que fuese cantante: la había llevado a clases de canto y de música, la enseñó a actuar, a bailar, a cuidar su imagen y todo lo necesario para que en el futuro pudiera convertirse en una cantante de éxito. No obstante, cada vez que Nathalie hablaba con su madre de sus aspiraciones e ilusiones por triunfar sentía de alguna manera hasta ese momento, como si bien por un lado su madre se alegraba por otro lado se entristecía.

Nathalie se pudo dar cuenta, ya en esa sesión, de cómo ella misma se estaba saboteando por no superar el limitado éxito que su madre había tenido. Salió dispuesta a comerse el mundo, decía sentirse libre para triunfar, como si se hubiese quitado un gran peso de encima. El mes pasado asistí a la presentación de su cuarto disco en París.

> **Recuerda:** No se trata de acusar a nadie, ni de sentir rencor por los limitadores mensajes que nos han pasado en nuestra infancia. No, acusar no nos sirve, es un comportamiento del ego y del rol de la víctima y desde luego no nos ayuda a ser felices. De lo único que se trata aquí es de darnos cuenta para liberarnos y perdonar.

¡Cuántas relaciones dañadas entre padres e hijos se sanarían únicamente comprendiendo este ciego juego de nuestros egos!

Permítete triunfar

Ten siempre presente que tus verdaderos Padres sí quieren que seas feliz, quieren que triunfes y que disfrutes al máximo de tus posibilidades. No solo es tu derecho de nacimiento, sino que, de hecho, es tu única responsabilidad sobre este planeta.

Recuerda por un momento a este inmensamente oscuro universo en el que vives. ¿No te parece que necesita toda la Luz que tú mismo y cada uno de nosotros le podemos aportar?

La mejor manera, de hecho la única, de aumentar tu Luz y así la de este universo es sentirte feliz en cada momento. Permítete triunfar en todo lo que tú te propongas desde y con la ayuda de tu infinitamente luminoso Corazón.

Tu evolución te pide que sanes tus relaciones con papá y mamá

Sanar las relaciones con nuestros progenitores pasa, necesariamente, por la aceptación de su naturaleza dual. Por la aceptación de que no son perfectos y de que hemos sido nosotros los que nos hemos confundido al haberles endiosado. Solo es posible querer a una persona cuando la ves como realmente es, con sus, necesariamente presentes, defectos y virtudes.

Precisamente los comportamientos que más te irritan en papá y mamá son los comportamientos que tú mismo estás imitando y que te prometiste no volver a utilizar. Te irritan, pues te recuerdan que eres tú quien no estás siendo fiel a ti mismo, te recuerdan que no estás siendo fiel a tu evolución.

Algunos de los alumnos a los que he tenido el placer de acompañar a lo largo de los años, me han comentado cómo, habiendo trabajado con anterioridad con «maestros», gurús, coaches, psicólogos o psiquiatras, habían llegado a la conclusión de que, para llegar a ser felices debían cortar radicalmente su relación con sus padres físicos. He escuchado cosas como: «Es una relación tóxica y debo alejarme de ellos», «Me "quitan" la energía», «Me echan sus problemas», o bien «No quiero seguir cargando con sus problemas», «Me ponen de los nervios», «Me desequilibran», etc.

Por supuesto, hay situaciones extremas en las que este alejamiento en el plano físico está justificado, como en el caso de padres abusadores, agresivos o violentos. No obstante, en la mayoría de los casos ese alejamiento no es más que una huida desde el ego, una forma de evitar enfrentarnos a nuestros propios asuntos no resueltos.

En esta experiencia terrestre hemos escogido una familia temporal que nos ayudase a evolucionar al permitirnos la experimentación de las emociones. Hemos escogido a esa familia y no a otra, pues son ellos, por sus rasgos y características, los que más nos iban a ayudar a evolucionar en base a nuestras interacciones cotidianas con ellos. Es en nuestra relación con papá y con mamá en la que nos permitimos experimentar el mayor rango de emociones posibles: dependencia, admiración, frustración, rabia, culpa, decepción, miedo, etc.

Escogimos a esa «familia» por unas razones en particular y eso es algo que no podemos obviar. Esa relación con nuestra familia física:

Nos recuerda qué no hacer

Sus comportamientos cotidianos oscuros y los roles que adoptan y esperan de nosotros nos sirven de continuo recordatorio de lo que no hacer. Son como un espejo para nosotros en el que vernos reflejados, en el que ver reflejados nuestros oscuros comportamientos. Es como una señal luminosa que se enciende a cada momento y nos dice: ¡Atención, atención!

Nos ayuda a practicar el perdón

Tanto si tus progenitores han sido maravillosos contigo, como todo lo contrario, siempre tendrás algo que perdonarles: haber sido ellos mismos ignorantes de su esencia y haberte guiado a ti a olvidar la tuya.

Claro, no se trata aquí de culpar a nadie sino de colocar las responsabilidades en su lugar y perdonar.

Nos enseña a perdonarnos

En el momento en que hemos decidido ver a nuestros progenitores como son, con sus virtudes y defectos y perdonarlos por cualquier daño que nosotros percibamos que nos puedan haber hecho, estaremos más preparados para mirarnos a nosotros mismos y perdonarnos por todo el daño que nos hemos infligido.

Nos ayuda a practicar la aceptación de la dualidad

Al aceptarlos tal y como son, con sus virtudes y sus defectos, con su Luz y su Oscuridad nos ayuda a aceptar esa dualidad también en nosotros mismos, en nuestras parejas, en nuestros hijos, en nuestros amigos y en todos los habitantes humanos de este planeta.

La aceptación de la dualidad, en nosotros mismos y en los demás, nos libera de las exigencias imposibles de cumplir y de la frustración a las que nos habían llevado, hasta ahora, esperar reacciones de los demás que ellos mismos no podían o querían cumplir.

Nos enseña a amar incondicionalmente, sin esperar nada a cambio

Nos ofrecen una oportunidad de Amar con mayúsculas, es decir, de querer a alguien sin esperar ya nada a cambio. Sin esperar que cambien ni que lleguen a querernos o comportarse como hubiésemos querido que lo hicieran.

Hay una gran diferencia entre querer y necesitar.

Dado que nuestra relación con papá y mamá, hasta el día de hoy y, sea cual sea tu edad, se ha llevado a cabo desde el olvido y así principalmente desde el ego, ¿qué crees que ha primado más el Amor o la necesidad? Siendo bebés aprendemos a confundir el amor hacia nuestros progenitores con la necesidad de que nos cuiden y quieran. El ego nos empuja a recrear este patrón y a seguir actuando de la misma manera: voy a «quererlos» para que me quieran a mí, porque debo o porque así me siento bien.

Atrévete a quererlos sin esperar nada a cambio, nada más que tu propia satisfacción de sentir Amor.

Hay casos extremos en los que los progenitores escogen su Oscuridad día tras día comportándose de formas hirientes, abusivas o agresivas. Por supuesto, estás en tu pleno derecho de no quererlos, de no sentir Amor por esos seres y no hay nada malo en ello. El Amor no se decide con la mente, solo se siente desde y con el Corazón. Si no sientes Amor hacia los que han fabricado tu vehículo, asegúrate de no sentir tampoco nada «malo» hacia ellos. Asegúrate de que el hecho de pensar en ellos no te produzca ninguna emoción dolorosa u oscura: deseos de venganza, rabia, tristeza, frustración, impotencia, culpa, etc.

Nos ayuda a aumentar nuestra Luz y crecer como Ser humano

¿Te has fijado en cómo tu ego está siempre especialmente activo y charlatán cuando se trata de relacionarte con tu familia de origen? Cada interacción con papá y mamá nos ofrece una nueva oportunidad para escoger actuar desde nuestro Ego o desde nuestro Corazón, especialmente cuando nuestros egos han sido preprogramados para interesarse sustancialmente por los asuntos que tienen que ver con ellos. De niños creíamos que nuestro bienestar y valía personal dependían enteramente de nuestros progenitores y el ego tomó buena nota de esos mensajes para seguir reproduciéndotelos día tras día.

¿Te das cuenta ahora de la importancia de, si la situación lo permite, fomentar esa relación en tu vida cotidiana?

No quiere decir esto que te pases el día llamándolos ni pendiente de ellos. No. Quiere decir que puedas compartir tu vida libremente, también con ellos, sin ataduras ni dependencias, sin acusaciones ni sentimientos de culpa, sin esperar nada a cambio, solo ofreciéndoles el cariño de tu propia felicidad y libertad.

Evitar esa relación, cuando aún viven y es prácticamente viable, nos priva de grandes oportunidades de evolución y por tanto de grandes oportunidades de aumentar nuestra Luz.

No es necesario que tus progenitores sigan vivos para poder sanar tu relación con ellos. Incluso si ya han continuado sus caminos —lo que llamáis morir—, aún puedes aprender a verlos tal y como eran, con sus debilidades propias de la raza humana. Puedes comprender que ellos también han sido hijos de la ignorancia y que todas y cada una de sus acciones y actitudes hacia ti fueron fruto de su olvido, de su experiencia y sus propias necesidades emocionales y traumas. No se trata aquí de justificar ningún tipo de comportamiento, sino de aceptar para sanar la relación, liberarnos y continuar nuestro camino libres de ataduras, culpas y rencores.

Mira a papá y a mamá tal y como son o eran, sin esperar nada más de ellos y entonces mira en tu Corazón y acepta tus verdaderos sentimientos hacia ellos.

Capítulo 12

Perdónalos

Perdonar no justifica al agresor, solo te libera a ti de las consecuencias de ese dolor permitiéndote iniciar una nueva vida sana, libre de sufrimiento, plena y satisfactoria.

RUTH HABÍA DECIDIDO TRABAJAR conmigo tras haberme escuchado en una conferencia sobre la salud y la felicidad. Su situación personal había llegado al límite de la desesperación. De niña, Ruth había sufrido los maltratos de un padre alcohólico y de una madre sumisa y callada que no la había sabido proteger.

Ruth se había quedado embarazada a los dieciocho años de un hombre que la abandonó poco después de nacer su hijo. Sola y sin dinero no tardó en casarse con un hombre mayor que ella, que resultó ser no solo alcohólico, sino también adicto al juego. Cuando el hijo de Ruth llegó a la adolescencia, su padrastro comenzó a cargar su ira contra él en forma de palizas y agresiones verbales. Ruth, dispuesta a proteger a su hijo, lo dejó. Pero una vez que el muchacho abandonó el hogar familiar para continuar sus estudios en la universidad, el hombre le suplicó que volviera con él y ella lo hizo.

Ruth había llegado a verme a consecuencia de una enfermedad de las encías, que estaba provocando que estas se desintegrasen poco a poco. Sus encías sangraban, le dolían e incluso se le estaban empe-zando a caer algunos dientes. Ruth se sentía una víctima de las cir-cunstancias, creía que no podía hacer, ni haber hecho nada para cam-biar las situaciones que había vivido. Achacaba todas las experiencias dolorosas de su pasado a la mala suerte y al destino, y sobre todo cul-paba a su padre de la mísera vida que llevaba.

Recuerdo el momento en el que mencionó a su padre por primera vez. Su gesto, hasta el momento triste y algo indefenso, se transformó repentinamente en un fuerte rencor, sus ojos brillaban con ira y sus mandíbulas rebosaban tensión. Visualmente se podía apreciar cómo todo su gesto y su expresión corporal se había transformado por com-pleto. Ruth confesó sentir un terrible odio por ese hombre al que lla-maba su padre. Lo culpaba no solo de todo su sufrimiento, sino tam-bién del que había padecido su madre al convivir a su lado.

Ruth no tardó en darse cuenta de que, detrás de ese ciego rencor que sentía hacia su padre, en realidad, lo que seguía anhelando era que ese hombre la hubiese querido como «debía» haberlo hecho como pa-dre. Se dio cuenta de que había buscado recrear en sus parejas ese amor frustrado que su padre no le había dado, o al menos, no de la forma adecuada.

Ella comprendió que su madre, en realidad, podía haber hecho cosas para salir de esa situación y sobre todo para protegerla a ella, su hija, de todos los golpes y palizas que su padre le propiciaba. No era una mu-jer sin recursos, tenía dinero y una familia que podía haberla apoyado; no obstante, por razones propias había elegido adoptar el rol de víctima, que aún en ese momento seguía desempeñando como la pobre viuda de aquel maltratador. Ruth lloró de rabia al darse cuenta de que había estado imitando a su madre durante todos estos años, actuando como una víctima indefensa, con la única intención de encontrar también en ella, ese amor que, inconscientemente, tanto tiempo había anhelado.

Ruth se dio cuenta de que si bien su padre había sido muy duro y agresivo con ella, también había actuado convencido de estar hacién-

dolo bien. Quizá el descubrimiento más impactante para Ruth fue el darse cuenta de que esa madre a la que siempre había visto como una pobre mártir, en realidad, había estado manifestando su Oscuridad, día tras día.

El día que Ruth comprendió que lo que más había anhelado y la había conducido a vivir la vida que había llevado hasta ahora era el que su padre la hubiese querido y que su madre la hubiese protegido y cuidado, todo encajó en su, hasta ahora, puzle de incomprensión y piezas inconexas.

Ruth inició un intenso trabajo de liberación de la rabia acumulada hacia sus padres y, más importante aún, hacia ella misma. Aprendió a quererse y a perdonarse por haberse maltratado al intentar complacer a sus progenitores durante tantos años. Tardó un poco, pero llegó a perdonarlos por completo. Unos meses de trabajo más tarde, había dejado definitivamente a su marido. Su hijo, feliz de verla liberada de aquella situación, había solicitado el traslado a otra universidad cercana para pasar más tiempo con ella. Las encías de Ruth dejaron de producirle molestias y su enfermedad dejó de avanzar.

Tan agradecida y liberada quedó Ruth tras su trabajo y nuevo despertar que comenzó a formarse como coach para mujeres que, como ella, habían sido o estaban siendo maltratadas. Los años han pasado y hoy vive felizmente con un hombre tierno y que, como ella dice, la tiene en palmitas.

Cada parte del cuerpo simboliza una emoción en particular y las enfermedades de las encías, como en el caso de Ruth, están relacionadas directamente con la rabia y el rencor acumulados durante mucho tiempo y la incapacidad percibida de tomar las riendas de su propia vida.

Una de las cosas que más liberó a Ruth fue el darse cuenta de que perdonar a sus padres físicos no quería decir que lo que la habían hecho hubiese estado bien. No, al contrario, solo quería decir que ella se quería más que eso y que no quería seguir perpetuando esos dolorosos momentos de su pasado en su presente. De pequeña su padre la maltrató y su madre la abandonó, pero después había sido ella la que había perpetuado inconscientemente el dolor de ese maltrato y de ese abandono en su vida.

La ignorancia, fruto de olvidarnos de Quiénes somos y de Quiénes son nuestros verdaderos Padres, nos lleva a todos, como en el caso de Ruth, a perpetuar los comportamientos oscuros que precisamente nos prometimos no volver a recrear en esta vida.

No es necesario que hayas vivido situaciones como las de Ruth para poder perdonar a tus progenitores. Todos y cada uno de nosotros tenemos guardados en los cajones de nuestros recuerdos, situaciones, momentos o actitudes de nuestros progenitores que nos hirieron.

La ilusión de los inmaculados

No es del todo infrecuente que me tope con personas que no consigan identificar ningún aspecto por el que tengan que perdonar a sus padres. No habiendo superado la etapa de diferenciación que supone la adolescencia, aún están convencidos, como lo haría un niño pequeño, de que sus progenitores han utilizado exclusivamente su Corazón en cada instante de sus vidas. Permíteme decirte que como seres humanos esta situación es tan remota como imposible. Todos tenemos una parte oscura y estamos aquí también con la intención de iluminarla. Si no fuese así, sencillamente, no nos habríamos encarnado en este planeta, ni habitaríamos en este universo.

Si eres de los que creen que sus padres han utilizado exclusivamente su Corazón, dime: ¿se han tratado siempre bien a sí mismos?, ¿han disfrutado siempre de una salud perfecta y de un gran éxito profesional?, ¿han sido felices en sus parejas, cada día de sus vidas?, ¿han disfrutado de la compañía de amigos excepcionales?, ¿han tenido presente, en todo momento Quiénes son y Quiénes eran sus Padres y te lo han enseñado?, ¿se han sentido felices invariablemente ante cualesquiera que fuesen las circunstancias? Si no has podido contestar afirmativamente a todas y cada una de estas preguntas, significa que ellos también, como todos nosotros, son sencillamente seres humanos.

Atrévete y perdona

Perdona a tus padres por haberte enseñado o fomentado en ti las actitudes y los comportamientos oscuros que has estado utilizando hasta el día de hoy. Perdónalos por su Ignorancia, por haberle dado su voz, como todos y cada uno de nosotros, a su ego por encima de su Corazón. Perdónalos por haberte exigido, desde su Ignorancia, comportamientos, formas de pensar y roles que no eran los que a ti más te convenían.

Perdonar no justifica al agresor

En las, por sorprendente que parezca, numerosas situaciones en las que los progenitores se han comportado de maneras en extremo agresivas, abusivas o degradantes, las personas objeto de estas agresiones suelen manifestar una especie de resistencia a perdonar. En su fuero interno tienen la sensación de que al perdonar a su agresor están aceptando de alguna manera que lo que les hicieron no estuvo tan mal. ¡Nada más lejos de la realidad!

Hace falta una buena dosis de amor hacia sí mismo para atreverse a perdonar al que te ha agredido. Nuestros egos tienden a jugarnos este tipo de malas pasadas, nos hacen creer que hay algo de humillante en perdonar a quien nos ha humillado a nosotros.

Como en el caso de Ruth, la rabia, el rencor y la frustración acumulados crean enfermedades y malestar tanto físico como emocional, nos mantiene energéticamente vinculados con la persona contra la que sentimos rencor. El rencor y el resentimiento nos mantienen enchufados a la misma corriente energética oscura a la que está enchufado el agresor y todas las anteriores generaciones de agresores. Nos mantiene en el malestar, en el ego. Nos aleja de nuestra felicidad. Paraliza nuestra evolución.

La decisión personal de perdonar a un agresor es a ti a quien libera, es a ti a quien te permite seguir tu camino libre, ligero de pesares y dolores y comenzar una nueva vida desde la Luz y el bienestar.

Ser feliz es tu derecho y tu responsabilidad hacia tus Padres. ¿Vas a dejar que una experiencia humana eche a perder tu propia evolución y felicidad? ¿Vas a cederle tu poder a tu agresor o vas a recuperarlo, perdonarle, perdonarte y decidirte a retomar tu camino: Vivir?

Capítulo 13
La culpa intrínseca en ti

Tú eres tu único maestro, el único que puede darte las respuestas. Eres el Alquimista en tu camino. No te des la espalda.

EL SER HUMANO, incluso sin ser consciente de ello, busca y siempre ha buscado la felicidad en todo lo que hace.

Fíjate en los bebés, ¿acaso no buscan en cada gesto sentirse felices, sentir alegría, sentir placer y satisfacción? En el momento en el que algo altera ese bienestar cotidiano ya sea con hambre, con sueño o con los pañales mojados, te lo hacen saber a pleno pulmón. Los bebés son el más vivo ejemplo de la búsqueda de la felicidad. En circunstancias normales no paran hasta que consiguen lo que quieren y todos sabemos lo persistentes que pueden llegar a ser.

La búsqueda de la felicidad

La búsqueda de la felicidad es la acción motivadora de todas y cada una de las del Ser humano. ¿Te has dado cuenta alguna vez de que todo lo que haces al cabo del día está orientado únicamente a conseguir sentirte feliz?

Levantarse de la cama ya es, en sí mismo, un acto orientado hacia la búsqueda de la felicidad: ¿dónde crees que hay más probabilidades de sentirte feliz: quedándote en la cama todo el día o bien saliendo y encontrándote con personas y situaciones que pueden llegar a ser gratificantes para ti? Después de levantarte, te aseas con la intención de sentirte a gusto en tu cuerpo, de oler bien y sentirte fresco. Tras el aseo, sin duda desayunarás los alimentos que más satisfacción te produzca comer e idealmente que mejor nutran tu cuerpo. ¿Verdad que no piensas: «A ver qué voy a desayunar hoy que me desagrade»? E incluso si has optado por hacer una dieta que sea un tanto insípida, lo haces con la finalidad de obtener una recompensa mayor que te satisfará a medio o largo plazo: belleza o salud. Tras haberte preparado para tu jornada diaria, te pondrás a trabajar, que es la forma que al menos hasta ahora conoces de ganar dinero. ¿Y para qué quieres ganar dinero si no es para satisfacer tus necesidades y de ser posible, caprichos? A no ser que tengas el suficiente dinero como para no necesitar trabajar, no creo que te digas: «Pues ahora me voy a quedar en casa y no voy a ir a trabajar». En el mundo en el que vivimos sentirse feliz precisa, como veremos, de ingresos y a ser posible abundantes. Y así podríamos seguir indefinidamente enumerando todas tus acciones y descubriendo cómo su principal objetivo o fuerza motivadora es la satisfacción personal y la consecución de felicidad.

Podrías preguntarte también: ¿y qué pasa con los que se quedan en casa sin hacer nada?, ¿o con las víctimas que se quejan pero no hacen nada para resolver su situación? Recuerda que las personas que adoptan el rol de víctimas han aprendido que sufriendo y dando pena a los demás van a obtener una recompensa. Sí, es una forma pobre, pero es su forma particular de obtener esa recompensa emocional, lo que ellos entienden en ese momento por «sentirse feliz», aunque solo sea por un frugal instante.

Por extraño que parezca, hasta en una guerra la motivadora última es la búsqueda de la Felicidad. Las razones de las guerras pueden ser variadas, pero por lo general tienen una motivación ideológica o de conquista avariciosa. En el primer caso los que entran en guerra lo harán, por lo general, convencidos de estar haciendo algo para complacer a su Dios y así, en esta vida o después, ser recompensados. En el segundo caso, ¿qué crees que motiva la acumulación de territorios y riquezas más que la búsqueda de que esos nuevos bienes nos puedan proveer con ese algo que nos falta, que puedan llenar ese vacío, ese hueco dejado por el olvido de nuestra Realidad?

Piensa, por ejemplo, en una pelea entre dos amigos. El objetivo último de la pelea es invariablemente conseguir sentirse «felices» ya sea al conseguir algo que el otro tiene o al obtener una recompensa o evitar un castigo emocional. En el ejemplo de las dos amigas que se peleaban porque una se había olvidado del cumpleaños de la otra, la que se ha olvidado defiende su postura pues no quiere perder el cariño y la aceptación de su amiga. La amiga cumpleañera pelea pues quiere recuperar el afecto que cree perdido o poco atendido de su amiga.

Merecer o aceptar

Entonces, si la búsqueda de la Felicidad es la única motivadora de nuestras acciones, ¿por qué no estamos ya todos los seres humanos disfrutando de la Felicidad en todos los aspectos de nuestras vidas?

Permíteme ofrecerte una respuesta a través de dos sencillas preguntas:

Primera pregunta: ¿Quieres ser feliz? Sin duda si estás leyendo ahora este libro es porque sí quieres sentirte —dado que ser ya lo eres por naturaleza— feliz en tu día a día.

Segunda pregunta: sitúate delante de un espejo mirándote fijamente a los ojos y dime honestamente: ¿Sientes que tú te mereces ser feliz? Desde la mente me dirás que sí inmediatamente, pero ¿Es eso lo que sientes?

Curiosamente, la mayor parte de las personas quieren ser felices pero sienten que no se lo merecen. Sienten que hay algo «malo» en ellos que no les hace «merecedores» de la Felicidad. Lo ven como algo lejano o inalcanzable para ellos.

En realidad, no se trata de merecer ser felices, sino de aceptar que por naturaleza ya lo somos y comportarnos desde ahí.

Pero, ¿qué mecanismo nos lleva a castigarnos de tal modo que ni siquiera nos permitimos sentirnos felices?

La culpa intrínseca

Existe una culpa intrínseca, inherente a cada Ser que habita en este universo oscuro. El Ser naturalmente se siente culpable pues llega con todos los recuerdos de sus anteriores vivencias universales, de sus vidas, de sus experiencias en la Oscuridad. Llega con todo el recuerdo de sus elecciones oscuras ya experimentadas.

Recuerda que nuestro Ser es un núcleo de Luz rodeado de Oscuridad.

Desde la Oscuridad de nuestro Ser, al vernos solos en la inmensidad oscura de este universo, nos sentimos abandonados por nuestros Padres. En realidad, estamos enfadados con la Luz misma y ese enfado con el Creador provoca en nosotros una culpa permanente.

El Ser humano teme más a su Luz que a su Oscuridad

Las promesas incumplidas

Esa culpa, inherente al Ser, se ve reforzada en nuestro día a día, por el conocimiento implícito del Ser de que, como personas, no lo estamos haciendo «bien». De que le estamos dando la espalda a la Esencia Creadora misma en nosotros.

Cuando trabajo con mis alumnos y les pido que miren el reflejo de su rostro en el espejo, todos, invariablemente, frente a sí mismos, sienten que hay algo que no están haciendo «bien». Sienten que no están actuando como prometieron. No saben por qué, pero se dan cuenta de que es así.

El rol de la educación

Por si este acúmulo de culpa no fuese suficiente, la educación viene para reforzarla, aún más si cabe.

Los mensajes de nuestros educadores y de la sociedad misma, nos exigen que seamos «perfectos» según sus criterios. Esos criterios sociales distan mucho de la perfección que conocemos desde nuestro Ser. Interiormente tenemos una noción muy clara de qué es la perfección, como reflejo de nuestra Luz. El problema es que esa misma Luz que habita en nuestro interior ha sido verbalizada humanamente, por las reglas más rígidas de la educación, de una forma que no podemos reconocer como eco de nuestro interior: sacar las mejores notas en el colegio, obtener un título o diploma fruto del saber de la mente que no del Conocer, esforzarse mucho para ganar dinero, casarse a toda costa y lo antes posible para «tener» hijos, etc.

Al final, todos salimos de este camino de la educación convencional más o menos entorpecidos: ¿cuántas horas le quedan al niño escolarizado para estar centrado consigo mismo (para descubrirse a sí mismo) libre de televisiones, móviles, ordenadores y otros distractores exteriores de la atención?

El mensaje inconsciente, y también consciente, de que seamos perfectos, según una perfección construida desde la limitada mente humana, nos lleva a sentirnos culpables y por tanto a castigarnos. Nos lleva a exigir a los demás el mismo grado de perfección que nos hemos exigido a nosotros mismos, creando así una cadena de culpa y frustración que solo la elección consciente desde el Corazón puede liberar.

Si tratas de portarte bien solo según un criterio social exterior, en el fondo, carecerá de sentido para ti y sentirás que algo no va.

Todos nos damos cuenta, en un momento dado, de que no estamos haciendo lo que prometimos antes de nacer: aumentar nuestra Luz y nutrirnos principalmente de ella.

En el momento en que centrado en tu infinitamente amoroso Corazón, observes qué es comportase bien desde ti, desde tu Conocimiento, disfrutarás de un potencial innato que, de no ser así, seguiría escondido. Disfrutarás sintiéndote libre, expandiendo tu Luz y tu Alegría.

Recuerda: En tu interior residen todas las respuestas. Tu Ser es una gotita de la Esencia Creadora rodeada, en mayor o menor medida, de Oscuridad. Esa gotita en ti es puro Conocimiento. Mi propósito al escribir este libro es el de acompañarte a despertar a ese Conocimiento luminoso y latente en ti que solo espera ser utilizado.

El peligro del maestro exterior

En ocasiones me encuentro con asistentes a mis conferencias que defienden férreamente las normas sociales establecidas por las que todos, a su entender, nos deberíamos regir. Por supuesto, como sociedad en la que vivimos, es útil y conveniente que haya normas que permitan mantener un orden natural de las cosas. No obstante, esas normas serían mucho más beneficiosas si hubieran sido creadas desde el Conocimiento en lugar de haber sido construidas desde la mente humana. Las normas creadas desde el Conocimiento, resonarían en todos nosotros y al seguirlas nos sentiríamos en total armonía con nuestro Ser y nuestra evolución.

¿Conoces a algún «maestro» exterior mejor para ti que tu propia Luz?

Las personas, ignorantes de su propia Luz, buscan incansablemente que otros a los que consideran más «luminosos», sabios o preparados, les digan cómo deben vivir sus vidas. Sintiéndose culpables y de algún modo inferiores, ceden su poder a otro u otros «mejores» que les digan cómo vivir sus vidas. En un intento de no responsabilizarse por su propia Felicidad y evolución, actúan en función de lo que otro opina que es mejor para ellos. Así, si finalmente no da resultado, siempre podrán decir: es que «fulanito» me dijo que hiciera esto o lo otro. Pero, ¿no te parece un absurdo contrasentido?, ¿por qué buscar en el exterior lo que todos tenemos ya en nuestro interior?

Durante mis seminarios y conferencias no me canso de repetir que el único maestro válido es el que reside en el interior de cada uno de nosotros y aun así, a diario, recibo decenas de correos electrónicos de personas que me preguntan, específicamente, cómo deben vivir su día a día. Insisten en que yo les diga qué deben hacer.

Mi trabajo consiste únicamente en acompañarte a ti para que descubras tus propias respuestas. No hay una respuesta universal válida para todos nosotros sobre cómo vivir nuestras vidas. La única respuesta válida para ti es la tuya, es la que reside en tu interior.

¿Te has fijado en que el número de sectas y de adeptos crece vertiginosamente a lo largo y ancho de todo el planeta? Las personas inseguras y vulnerables que buscan que alguien les dé respuestas sobre cómo dirigir sus vidas, suelen encontrarse con otros que les hablan de maestros o de salvadores que los ayudarán a conseguir lo que no tienen y ser felices, otros que les darán todo aquello que siempre han anhelado: el amor y la aceptación de un grupo. Estos gurús aprovechan el hueco dejado por esa errada búsqueda exterior de respuestas, para ocupar la plaza que le corresponde, en realidad, a su propia Esencia. De alguna manera los que les siguen, les ceden todo su poder, tanto el práctico y material, como el interno y emocional. Se convierten en seguidores de algo o alguien externo alejándose totalmente de su camino, de su Luz y de su evolución.

Todos los humanos tienen esta tendencia. De alguna manera recreamos lo que ya hicimos con nuestros progenitores: endiosarlos para desresponsabilizarnos de nuestros comportamientos, actos y pensamientos.

Recuerda: Yo no soy ninguna maestra, ni quiero seguidores. Compartir mi Conocimiento con el de los demás es mi mayor alegría. Aumentar mi Luz con personas libres que se atreven a hacer lo mismo: aumentar su Luz y retomar su propio camino, me hace sentir totalmente feliz.

Capítulo 14
Deja de castigarte

No importa lo que hayas hecho, tú tienes el poder de
escoger, a cada instante, perdonarte y retomar tu camino.

HABIÉNDOME ACOMPAÑADO hasta este punto de la lectura de este libro, te habrás dado cuenta ya de la necesidad de perdonarte, tú también, por todos los errores cometidos en tu pasado.

Desde la humildad de tu infinitamente amoroso Corazón mírate al espejo y decide perdonarte por todo lo que necesites. Perdónate por haber saboteado tu Felicidad durante tantos años, por haberte traicionado a ti mismo y a las promesas que te hiciste antes de nacer, por haberle dado la espalda a tu Conocimiento imitando los comportamientos de otros y siguiendo sus mensajes. Perdónate por haberle dado la espalda a la Vida misma, a la Luz y a tus Padres.

Repasa todas tus equivocaciones hasta este momento, pero recuerda, hazlo con cariño, sin juzgarte. Solo te has equivocado. Eres humano y como humano dispones de una parte oscura. Es natural que te hayas equivocado. No pasa nada. Solo basta con que en este preciso instante decidas perdonarte.

Recuerda: Del juicio viene la culpa y esta siempre busca el castigo.

No necesitas machacarte y sentirte culpable, solo darte cuenta y decidir cambiar de dirección. Tú tienes el poder irrevocable de elegir qué dirección tomar a cada instante de tu vida. No importa cuán equivocado hayas estado hasta ahora o cuánto daño te hayas causado o causado a los demás; tú, como todos nosotros, dispones a cada momento del poder de retomar el camino de tu Luz, retomar el bienestar que te brinda tu Corazón sobre tu ego.

Nunca es tarde para retomar tu evolución

En ocasiones me encuentro con personas que sienten que ya es demasiado tarde para ellos. Por lo general, son personas que, habiendo hecho algo «horrible», se han dado cuenta de su error y desean repararlo, pero no pudiendo borrar lo ocurrido, sienten que están manchados y que hagan lo que hagan su mancha, su estigma seguirá ahí persiguiéndoles. Piensan que ya no hay remedio, que irremediablemente deben permanecer en la Oscuridad del autocastigo. ¡Ego!, ¿lo has reconocido?

Tom tenía solo diecinueve años cuando vino a su primera sesión. Acababa de salir de la cárcel. Un año antes, al salir de una fiesta con unos amigos donde había consumido drogas, atropelló con su coche a una niña de diez años, Lily. La pequeña murió en el acto.

Tom estaba absolutamente destrozado, ni siquiera había sido idea suya venir a trabajar conmigo. Su madre, desesperada por ayudarle, le había traído a verme. Por norma general, no trabajo con alguien que no haya venido por su propia voluntad, pero en el caso de Tom, las circunstancias merecían una excepción, principalmente porque él estaba dispuesto a liberarse y quería salir de ese dolor.

Tom estaba convencido de que su vida se había acabado aquel día en que, accidentalmente, mató a la pequeña. Pensaba en ella día y noche, estaba obsesionado por el dolor que había causado a sus padres.

Se despertaba gritando, agitado y bañado en sudor, casi cada noche. En su caso la desesperación era doble, pues si bien no dejaba de pensar en acabar con su angustia quitándose la vida, su religión se lo prohibía y temía quemarse en el infierno si decidía suicidarse. Se sentía atrapado, sin salida y desesperado.

La madre de Tom, que ansiosamente lo esperó durante las tres intensas horas de aquella sesión, no podía creerse el cambio de actitud y de ánimo con el que salió su hijo. En la mayoría de las ocasiones no hacen falta largos meses de terapia para darse cuenta, para despertar a la Realidad y a la Felicidad de existir y que en algunos casos nos puede llegar a salvar la vida.

Tom hizo una excelente sesión y comprendió rápidamente que, a pesar de que lo que había vivido era algo muy duro, que de alguna manera le acompañaría siempre, tenía el poder y el deber de perdonarse y de volver a su Luz, a la Luz de sus Padres, a la Luz de su Corazón. Tom comprendió que su dolor no iba a traer a aquella niña de vuelta con sus padres. En una sesión de A través de los planos energéticos Tom descubrió cómo aquella hasta el momento desconocida, Lily, no necesitaba perdonarle. Le trasmitió que ella, el Ser de la que fue Lily, había tenido sus propias razones para haberse ido de esa manera y en ese preciso momento y lo más importante, que para ella estaba bien así.

Antes de proseguir, permíteme aclararte que una sesión de *A través de los planos* energéticos no tiene nada que ver con ser médium, ni vidente ni ninguno de esos trabajos con los que si bien respeto, no me identifico. El trabajo que yo realizo sencillamente hace uso de la multiplicidad de planos energéticos que coexisten al mismo tiempo en este universo para poder, en caso de necesidad, comunicarnos con un Ser concreto que necesita ayuda o que puede ayudar a un humano.

Unos días después de este intenso trabajo, Tom me llamó para de-cirme que habiendo sentido la necesidad de pedirles perdón a los pa-dres de Lily, se había presentado en la puerta de su casa. La madre, sumida aún en su dolor, le cerró la puerta en las narices. Tom, pri-mero algo desalentado y luego decidido, les escribió una carta para expresarles su pesar y lo más importante, para transmitirles lo que el Ser de la que había sido su hija, le había transmitido a él. Una se-mana después Tom me llamó llorando de alegría. Los padres de la pe-queña le habían llamado agradecidos.

El inmenso alivio que estos padres en duelo sintieron al saber que la que había sido su pequeña estaba bien, fue suficiente para que pudieran perdonar a Tom, desde lo más profundo de su Ser.

No importa lo que hayas hecho, tú tienes el poder de escoger, a cada instante, perdonarte y retomar tu camino. Que tú te casti-gues y te hagas daño no va a producirle ningún alivió a aquel al que has dañado, solo va a añadir aun más sufrimiento y Oscuridad a este, de por sí ya oscuro, universo. Al castigarte, sigues enchufado a la corriente oscura del castigo y del horror. Si hay algo que puedes hacer para reparar el daño causado es reconocer tu error, arrepen-tirte profundamente y perdonarte desde tu Corazón, pedir perdón cuando sea posible y así expandir tu Luz.

Errare humanum est

En otras ocasiones me encuentro con personas que dicen no poder perdonarse pues en el momento en que hicieron daño a otros sabían conscientemente que lo que estaban haciendo era malo, que estaba mal. Eran conscientes del daño que hacían. En estos casos les pregunto si lo volverían a hacer con su Conocimiento nuevamente despierto y salvo rarísimas excepciones fruto de la ob-sesión y de la enfermedad mental, me dicen que no.

Hayas hecho lo que hayas hecho el perdón es la única energía que te puede liberar. Si hiciste lo que hiciste en ese momento o momentos dados de tu vida, era porque tú mismo eras prisionero de tu ego, de los roles que desempeñabas, de las necesidades emocionales inculcadas desde tu infancia.

Como ya decía Seneca: «*Errare humanum est, sed in errare perseverare diabolicum*». Equivocarse es humano, pero perseverar en la equivocación es «diabólico». Yo sustituiría la palabra *diabólico* por oscuro o, dicho de otra manera:

El que sabe ya no puede hacer como que no sabe.

Equivocarse es algo intrínseco a la naturaleza dual del Ser humano, pero persistir en mantenerse en el error es darle nuestro poder a la Oscuridad. Una cosa es equivocarnos y otra muy distinta es seguir manteniéndonos en el dolor y el castigo provocado por la culpa, perpetuando el error y abandonando nuestro poder en aras de la Oscuridad.

La culpa busca irremediablemente al castigo. El auténtico perdón libera. Y tú ¿qué eliges? Recuperar tu poder luminoso de acción o cedérselo a la corriente oscura que lo encarcela.

Recuerda: Solo la Oscuridad necesita la venganza y el castigo. La Luz incondicionalmente te espera y te perdona. ¡Atrévete a perdonarte y disfruta de tu Felicidad!

Parte III

Recuerda cómo usar tu poder para crear tu vida

Capítulo 15
Responsabilízate

Conviértete en el cocreador amado de tus Padres.

Érase una vez un niño que vivía feliz en una preciosa y remota aldea en la montaña. Un día se despertó un poco más tarde de lo habitual y salió apresuradamente de su casa para no llegar tarde al colegio. Al hacerlo, olvidó coger su chaqueta y el frío, del ya avanzado otoño, se hacía notar.

El niño corría tan rápido como podía para no llegar tarde a su obligada cita cuando resbaló sobre una piedra cubierta de escarcha helada. El pequeño cayó de espaldas golpeándose fuertemente la cabeza. Llorando, se levantó enfurruñado, cuando vio llegar a unos viajeros nómadas que pasaban por allí. Los viajeros le ayudaron a levantarse y le curaron la pequeña herida que se había hecho en la cabeza. El pequeño tenía frío y se sentía triste y dolorido. Una anciana de la tribu de nómadas miró al pequeño fijamente a los ojos y le hizo una pregunta que cambiaría su vida para siempre: ¿a ti también te han robado la felicidad? El niño la miró con los ojos muy abiertos extrañado y algo asustado ante tal pregunta.

La anciana le contó cómo ellos llevaban generaciones buscando a aquel que les había robado su felicidad. Le explicó cómo ya nunca más iba a poder sentirse feliz y cómo debía unirse a ellos para ir en busca de aquel ladrón, por culpa del cual, todos ellos ya no podían ser felices. Aquellos nómadas le dijeron que quizá su ladrón no estuviese muy lejos, ya que el robo acababa de suceder y que debía iniciar su búsqueda de inmediato. El pequeño, convencido de que su malestar había sido causado por aquel ladrón que aprovechando su caída le había robado su felicidad, decidió unirse a ellos e ir en su busca.

Los días pasaban, pero, por más que buscaba, no encontraba al ladrón que se había llevado su alegría. Durante los meses que siguieron junto a los nómadas visitó pueblos y ciudades, atravesó ríos y montañas, pero seguía sin encontrar al responsable de su repentina infelicidad.

El pequeño fue creciendo en la añoranza de su aldea, de su familia y de sus amigos. Culpaba a aquel que le había robado la felicidad de no poder seguir disfrutando de la dicha de su compañía. Cada día se sentía más y más triste y un poquito más lejos de poder recuperar su perdida y anhelada felicidad.

Un día encontró a una preciosa joven. Lo que sentía junto a ella le recordaba lo que había sentido cuando todavía era feliz. Creyó que ella podría devolverle su felicidad, pero la joven, si bien le amaba, no soportaba la presión de no poder ofrecerle aquello que él tanto anhelaba y le dejó.

Los años fueron pasando y el muchacho se convirtió en un anciano. Cuando sintió que sus días sobre este planeta se iban a terminar, decidió regresar a esa aldea donde había sido, por última vez, tan feliz. Tardó varios meses en llegar, pero mereció la pena. Según se acercaba a la montaña que había sido el hogar de su infancia, el ahora anciano iba sintiendo cómo le inundaba una inmensa alegría. Sus recuerdos le traían agradables sensaciones y emociones largamente olvidadas. De repente, se dio cuenta de que se estaba sintiendo alegre, lo más parecido a la felicidad que había sentido en todos los años que había pasado en su búsqueda con los nómadas.

El anciano, agotado, buscó la que había sido la casa de su infancia y sorprendentemente todavía estaba allí, exactamente igual que el día en que se había marchado. Emocionado se dispuso a abrir la puerta de aquella entrañable casa. Su corazón latía aceleradamente. Entró en aquella sala donde tan buenos momentos había pasado. No había nadie, pero la chimenea estaba encendida y ya no sentía ese cortante frío que hasta ahora se le había metido en los huesos amargándole el espíritu. Se sentó unos instantes, allí, delante de aquella chimenea y, súbitamente, sumido en sus recuerdos, sintió una inmensa felicidad, una felicidad que lo inundaba todo. En aquel preciso instante de lucidez el hombre comprendió que su felicidad siempre había estado con él, acompañándolo en todo momento. Nadie se la había robado nunca.

Al darse cuenta, lo primero que sintió fue una profunda rabia hacia aquellos nómadas que le habían engañado. Sintió un intenso rencor hacia aquella anciana que con sus intensos ojos le había hecho creer aquella terrible mentira que le había llevado a malgastar su vida. Se sintió como un tonto por no haberse dado cuenta de que nunca podría haber encontrado su felicidad fuera, pues siempre lo había tenido en su interior. Sintió la culpa de haberse marchado sin prevenir a su familia causándoles, sin lugar a dudas, un enorme disgusto.

Poco a poco, al respirar nuevamente los olores de su infancia, regresó a su Corazón y se dio cuenta de que en realidad todas aquellas personas habían sufrido como él el engaño de otros, solo eran Ignorantes. Una inmensa sensación de paz le invadió. El anciano cerró los ojos, feliz, y se dejó ir consciente ahora de que nadie nunca podría robarle su felicidad.

De repente, el niño escuchó la suave voz de su madre que lo llamaba: «Te has dormido, vas a llegar tarde a la escuela». El pequeño se despertó totalmente sobresaltado. «Mamá», gritó ilusionado. «Todo ha sido un sueño». «¡Mamá, eres tú! Por favor, nunca te olvides de que la felicidad está siempre dentro de ti». La madre le miró con cariño y le abrazó sin entender de qué hablaba.

¿Sueño o realidad? ¿Tú qué dices?

La educación nos dicta que nuestra felicidad está a merced de los demás. Nos enseña que para ser felices necesitamos que el exterior nos proporcione una serie de cosas, condicionantes sin los cuales nunca llegarás a sentirte pleno ni feliz. La educación nos enseña que para ser felices hemos de ser queridos, aceptados y aprobados por nuestros padres físicos y por nuestros familiares; nos enseña que para ser felices hemos de encontrar a una pareja que nos quiera y se quede a nuestro lado toda la vida, con la cual, si queremos ser felices, debemos tener obligatoriamente descendencia; nos enseña que nuestra felicidad depende de la «suerte» o de lo que uno u otro «Dios», siempre interpretado por las mentes humanas, nos pida que hagamos o decida que debamos vivir.

Dios, el Universo, la Esencia Creadora, o cómo tú elijas llamarlo, nos ama incondicionalmente y por ello nos ha dotado del poder de construir, nosotros mismos, nuestra propia realidad. La Esencia Creadora nos ofrece una serie de reglas o principios universales para que podamos construir nuestra propia realidad desde la Luz de nuestro inmenso Corazón. Tú y solo tú tienes el poder de elegir qué quieres construir para ti, en tu vida, bajo la amorosa mirada de tus Padres Universales.

El «Dios» que yo Conozco, nos ama y lo único que espera de nosotros es que expandamos su Luz, su Amor. ¿No te parece que sería un contrasentido que entonces las cosas nos ocurran sin una razón? ¿No te parece un contrasentido creer que la suerte existe y que a unos nos premia y a otros nos castiga aleatoriamente? En el próximo capítulo te mostraré cómo funcionan los principios que la Esencia ha puesto a nuestra disposición y que durante tantos años, sumidos en el olvido, hemos ignorado desperdiciando el poder de crearnos una vida feliz y llena de éxito.

Solo tú puedes pensar en ti

En el momento en que comenzamos a buscar la felicidad en el exterior, responsabilizamos a los demás: papá y mamá, otras personas, la «suerte», el «destino», «Dios», la ciencia, etc., de nuestra propia felicidad.

Retomemos por unos instantes la metáfora del taxista. Imagina que, ignorante de que ya lleva un pasajero, busque, incesantemente, en las calles, nuevas personas que se suban a su taxi. Pero claro, nadie se puede subir a un taxi ya ocupado. El taxista, frustrado, busca inútil y casi obsesivamente en el exterior, nuevos pasajeros que puedan ocupar su taxi. En ocasiones se encontrará con personas que ni siquiera necesiten un taxi y se sientan molestas por su insistencia, en otras ocasiones habrá personas que se subirían gustosas y que de hecho se sienten frustradas e impotentes al no poder hacerlo.

¿Ves ahora cómo el taxista necesita la dirección clara del pasajero?

Por mucho que busquemos la felicidad fuera de nosotros, como ese taxista, nunca la encontraremos. Por mucho que intentemos que otros nos hagan felices, estos, como los pasajeros que busca nuestro taxista, no querrán o no podrán hacerlo. Nadie más que tú tiene el poder de construir, disfrutar, ni vivir en ti. Nadie puede pensar en tu mente ni elegir por ti desde tu Yo.

Como conductor, te has olvidado de que el pasajero que llevas es, en esencia, la felicidad misma. Siempre puedes escoger abrir la ventanilla y retomar tu relación contigo mismo.

Recuerda: Feliz ya lo eres por naturaleza. Mantener tu felicidad y aumentarla es tu elección y tu única responsabilidad.

Las razones que nos fabricamos para no sentirnos felices

El Ser humano, gran ignorante de su verdadera naturaleza, se fabrica una serie de razones para no responsabilizarse de su felicidad ni manifestarla en su día a día. En el momento en que responsabilizamos al exterior de algo tan íntimo como es sentirnos felices, justificamos nuestra infelicidad, con una infinidad de razones más o menos importantes, perpetuando, sin ser consciente de ello, la Oscuridad en nuestras vidas.

A lo largo de mi vida relacionándome con personas de diferentes países y culturas he podido escuchar todo tipo de razones por las que las personas consideran que no pueden ser felices. No puedo ser feliz porque:

Sucesos del pasado: «Mi padre me maltrataba de pequeño», «Abusaron de mí», «Mi madre no me quería», etc.

Aspectos físicos: «No puedo tener hijos», «Estoy enfermo», «No soy atractivo», etc.

Aspectos materiales: «No tengo suficiente dinero», «No tengo la casa que yo quiero», «No me gusta mi trabajo», «Necesito un coche mejor», etc.

Problemas de relación: «No tengo pareja», «Mi pareja no me entiende», «Mis hijos no me respetan», «Mi jefe no me valora», «La gente es mala», «Mi marido no me quiere», «Mi suegra es insoportable», «Mis hijos se han descarriado», «He perdido a alguien cercano», etc.

Malestar con la vida misma: «Esta vida es muy dura», «Tengo mala suerte», «Dios me ha abandonado», «La gente es mala y peligrosa», etc.

Sentirte feliz es una experiencia íntima que nadie, por muy hábil que sea, te podrá robar. Sentirte feliz es una elección tuya, personal, de cada instante. Nadie, por mucho daño que te haya hecho en el pasado, tiene el poder de robarte la felicidad. Nada en ti ni en tu entorno puede impedirte sentir la felicidad que habita en tu interior.

En ocasiones me encuentro con personas que han sufrido dolorosas pérdidas y llegan a verme seguros de que nunca podrán volver a sentirse felices.

Los casos más graves son los de las personas que han perdido a un hijo o a la pareja. Recuerdo ahora a unos padres jóvenes cuyo pequeño de un año acababa de fallecer.

La pareja no solo sentía el intenso dolor de la pérdida de un hijo, sino que además sentían una inmensa culpa por la forma en que la muerte había sucedido. El pequeño Chris se había ahogado con un hueso de aceituna mientras su madre cocinaba a su lado hablando por teléfono. Cuando se percató, ya era demasiado tarde. El dolor de la mujer era tan intenso que en lo único que podía pensar era en quitarse la vida. El padre, impotente y destrozado, no veía cómo podía ayudar a aliviar el intenso dolor de su mujer a la vez que lidiaba con el suyo propio.

En mis sesiones privadas trabajo con una sola persona por sesión, así que decidieron que fuese Bárbara, la madre, quien acudiese ese primer día. El dolor en el que estaba sumida aquella mujer era tan fuerte que su marido temía que ni siquiera fuese capaz de hablar, no obstante, las palabras de poco hubiesen servido en esos momentos. Rápidamente aceptó que la ayudase a retomar la comunicación con su Ser, lo que hizo naturalmente y por primera vez en su vida. Desde ahí dijo sentirse como enchufada a una inmensidad increíblemente viva. Las lágrimas de dolor comenzaban a mezclarse con las lágrimas por la emoción que sentía al redescubrir su interioridad, su Grandeza y la Belleza de la Vida. Desde esa nueva e inesperada paz pudo sentir al Ser del que había sido su hijo. Fue un luminoso momento de liberación para aquella madre atormentada.

Sin hacer uso de las largas explicaciones que solo sirven a la mente, sino únicamente del acompañamiento hacia su propia voz, Bárbara se sintió aliviada casi de inmediato. Sintió que aquel Ser, que había elegido ser su hijo, había tenido sus propias razones para haber elegido irse de aquella manera. Y lo que es más importante, que no solo aquellas razones nada tenían que ver con ella, sino que estaba totalmente en paz con su partida y le estaba agradecido por el tiempo compartido en este planeta.

Bárbara, obviamente seguía echando de menos a su pequeño, pero, cuando lo recordaba, lo hacía ahora con la paz y la alegría de saber que, aunque ella no lo pudiese entender con la mente, todo estaba bien así. Él le trasmitió que algún día, en otro lugar y en otro plano, se reencontrarían.

Bárbara continuó sus sesiones privadas y tras un intenso trabajo juntas a lo largo de varios meses no solo recuperó la sonrisa, sino que se sintió feliz y libre como nunca se había sentido, incluso antes de la partida del pequeño. Mucho le había enseñado aquella pérdida, incluso se había liberado de su hasta ahora constante miedo a la muerte. Si hay algo que salvó a Bárbara, no había sido yo, sino su disposición a retomar su propio camino, a redescubrirse en su propia Luz.

Bárbara había podido elegir quedarse en la Oscuridad de su sufrimiento y su dolor acusando a la vida y la suerte por ello, pero tuvo el coraje de elegir utilizar su Corazón, y los resultados obtenidos desde el Corazón siempre son felices.

Los momentos de dolor y nostalgia son ahora la excepción y no la norma en su vida. Como aquellas estrellas oscuras en un universo predominantemente luminoso en lugar de las antes diminutas estrellitas luminosas en un universo de Oscuridad.

Incluso en los casos de pérdidas dolorosas, en el momento en que las personas recuerdan Quiénes son y Quiénes son también esos seres a los que ellos llamaban sus hijos; cuando pueden recordar, por fin, que todos somos hijos de la misma Esencia; cuando descubren que esta vida terrestre, en realidad, solo era una experiencia concreta de ese Ser, pero en ningún caso la totalidad de su Vida; cuando entienden que ese Ser sigue ahora su viaje evolutivo por el universo libre de su cuerpo material; entonces y solo entonces, les inunda una inmensa sensación de paz, de armonía y pueden, por fin, aceptar la pérdida.

Todos, invariablemente, tenemos el poder de elegir cambiar de camino, por muy oscuro y sombrío que este haya sido hasta ahora, por muy doloroso que sea nuestro presente o que haya sido nuestro pasado, todos tenemos el poder de retomar nuevos caminos que nos esperan en el corazón mismo de la vida. ¿Y el resultado invariable? Bienestar total.

Las consecuencias globales de la búsqueda exterior de la felicidad

¿Te has planteado alguna vez las consecuencias que se derivan de esta búsqueda exterior de la felicidad a una escala mayor que la de nuestras propias vidas terrestres?

La mayoría de los problemas familiares provienen de la creencia de que alguien no hace lo suficiente para que nos sintamos bien o, por el contrario, de que ha hecho o hace cosas que nos impiden ser felices.

Las guerras provienen de la creencia, al menos de una de las partes, de que los demás tienen ese algo que nos puede hacer sentir mejor, más poderosos y felices o bien de que es necesario combatirles, pues ellos son malos y combatiéndoles lograremos la bendición divina.

La contaminación y la explotación de los recursos terrestres también provienen de la creencia de algunos, ignorantes de la realidad de la Vida, de que teniendo más riquezas materiales serán más felices, de que como esta vida es la única que van a tener da igual si destrozan o no el planeta, siempre y cuando ellos se vean beneficiados. Todos nosotros en mayor o menor escala, seguimos estos patrones, aunque hayan sido marcados por otros y actuamos sin tomar consciencia del daño que nuestros actos y comportamientos cotidianos pueden hacerle al planeta. Actuamos como aquel que prefiere no mirar para no ver, que prefiere seguir como un ignorante ciego, lo que otros le han dictado.

Las enfermedades y epidemias proceden de la creencia de que nuestro bienestar depende completamente de factores exteriores a nosotros sobre los que no tenemos ningún poder: virus, bacterias, plagas, etc.

Cuán importante resulta retomar la responsabilidad sobre nuestra propia felicidad, dejando de culpar y de responsabilizar a los demás o a factores externos de nuestras propias elecciones y resultados.

La decisión de ser feliz es tuya y solo tuya. ¡Elígelo!

Capítulo 16

Tu misión y tu propósito

Nada tiene el poder de provocar tu felicidad más que llevar tu misión a cabo.

EL PROPÓSITO DE TU SER a lo largo de sus infinitas vidas es, siempre ha sido y siempre será, el de evolucionar al iluminar la Oscuridad a lo largo de su eterno viaje universal. Al decidir encarnarse en tu cuerpo, tu Ser decidió que continuaría llevando a cabo su Propósito a través de una misión terrestre.

Para unos, esta forma concreta, personal y única de continuar iluminando su Oscuridad, será la expresión de un arte, como la música, la pintura, el baile o la escritura; para otros será aportando un ejemplo de vida para los demás, como aquellos que habiendo sufrido traumáticas experiencias siguen eligiendo los caminos de su felicidad; para otros, sencillamente, siendo un ejemplo de alegría o de humildad aun por grandes que sean sus riquezas exteriores; para otros sencillamente será haciendo reír.

Todos y cada uno de nosotros tenemos una misión especial, única y preciosa, no obstante, pocos recordamos cuál es.

Mi misión única en esta vida es la de despertar a las personas a su propia felicidad, mientras cuido amorosa y atentamente de la mía. Desde donde alcanza mi memoria, siempre he sido plenamente consciente de cuál es mi misión única, de qué era aquello que Yo había venido a manifestar y a hacer en esta experiencia terrestre. No obstante, durante largos años de mi vida me resistí a manifestarla en su totalidad, a llevarla a cabo, al menos del modo en el que Yo me había prometido hacerlo.

Compartir con el mundo mi particular, aunque totalmente natural, forma de ver la Vida y la Realidad no era tarea fácil y yo lo sabía. Sentía y veía que el mundo no estaba preparado para escuchar aquello que yo había venido a comunicar. ¿Sería bien acogido lo que venía a decir o sencillamente solo serviría para ser rechazada, censurada o incluso silenciada? Mis experiencias en los primeros años de mi vida me habían demostrado, de las maneras más duras, que no, que al menos las personas de mi entorno no querían oír lo que yo había venido a compartir, me habían mostrado que el resultado de tratar de compartir lo que yo veía y sentía solo me acarreaba, aparte de serios problemas, muchos castigos que se traducían cada día en dolor, tanto físico como emocional.

Ya con nueve años decidí guardar silencio. Si dejaba de hablar ya no tendría que exponer a mi pequeño cuerpecito a duras pruebas por ser distinta, por no decir lo que debía decir o por decir cosas que no debía. En el seno de una familia religiosa había ciertas cosas que no se debían decir: «Dios no castiga, el infierno no existe, los pecados son invención de los humanos», etc., pero, ¿cómo pedirle a una niña que ve que sus progenitores están sumidos en el olvido y la Ignorancia que no trate de despertarlos, de ayudarlos a salir de su Oscuridad para ser felices al manifestar la Luz de sus Corazones?

Mi silencio duró muchos años, años en los que mi Ser trataba de hacerse escuchar enviándome todo tipo de señales. El primer aviso importante fue a la edad de veintiocho años, cuando me fracturé dos vértebras dorsales al realizar unos ejercicios de equitación. Antes de que llegase mi turno, sentí que mi Ser me advertía y me escuché diciéndole a una compañera: «¿Y si me cayera ahora?». Pero, en aquel momento, decidí ignóralo y así me dispuse a realizar el difícil ejercicio. A los pocos segundos de comenzar perdí el conocimiento y caí al suelo de espaldas desde lo alto del caballo. Ya en la sala de reanimación del hospital, trataron de prepararme a la idea de que no volvería a caminar.

Un mes después, mientras salía por mi propio pie de aquel hospital decidí escribir un libro, una novela, que dejase al menos entrever lo que había venido a contar. La escritura de esa novela dejó paso a la de una segunda y una tercera. Sin embargo, cuando me enfoqué más en escribir que en la importancia de ser publicada y dar así a conocer mi mensaje, mi Ser me envió el segundo aviso importante: perdí completamente la visión del ojo derecho y eso sumado a las casi nueve dioptrías que tenía en el ojo izquierdo, significaba que no veía nada. De nuevo en el hospital, me explicaron que habían sido las secuelas de una toxoplasmosis congénita, que mi ojo estaba muy dañado y que no volvería a recuperar la visión. Mientras trataban de prepararme para una vida como invidente, yo me centré de inmediato con mi Ser y le escuché decirme: «No temas, pronto recobrarás tu visión». Tras este nuevo aviso, decidí ir un paso más allá en la consecución de mi misión y comenzar a ofrecer algunas sesiones individuales allá en Burdeos. Una semana después ya veía perfectamente. Aún a día de hoy, cuando por cuestiones de mis desplazamientos geográficos tengo que visitar un nuevo oculista, sorprendidos me quieren hacer todo tipo de pruebas, pues no se explican cómo puedo ver algo y además sin gafas.

Antes de seguir, permíteme recordarte que todo aquello que yo puedo y he podido hacer tú también puedes hacerlo. Eso que llamáis «milagros», por lo general, no es más que la utilización consciente y deliberada del poder del Corazón, escuchando atentamente la voz siempre amorosa del Ser y de su Conocimiento.

Si bien me había decidido a comenzar las sesiones y seminarios y dar a conocer mi mensaje en *petit comité*, en mi fuero interno, sabía que eso no era suficiente, que no era más que una ínfima parte de lo que Yo había venido a hacer. Unos años más tarde tuve un nuevo aviso: un infarto del que me recuperé sin secuelas. No obstante, aún no estaba dispuesta a ampliar mi trabajo como me pedía mi Vida, de modo que recibí una nueva señal: me vi tumbada en una habitación con dos camas blancas, una habitación de hospital. No reaccioné ante este nuevo aviso y una semana más tarde me fracturé los ligamentos cruzados de la rodilla derecha, lo que me mantuvo inmovilizada en una cama blanca durante un mes. Determinada, decidí ampliar mi trabajo y comenzar a ofrecer sesiones, seminarios y conferencias no solo en Francia, sino también en los países vecinos: España, Inglaterra y ocasionalmente en Alemania.

En España, donde debo decir que las personas tenían una gran apertura y predisposición al cambio, fui invitada a un seminario de dos días. De aquel evento comenzaron a lloverme las demandas de más seminarios y de sesiones privadas y lo que había previsto que sería un fin de semana en España se convirtieron en cuatro preciosos años. No obstante, Yo tenía claro que ese relativo éxito era solo una minúscula parte de la misión que Yo había elegido manifestar. Mi mensaje debía conocerse a una escala mucho mayor. Debía escribir mi libro y darlo a conocer en el mundo entero. Pero, de nuevo mi ego me planteaba, una y otra vez las mismas dudas y tentaciones: «No debes abrirte al mundo», «Las personas no están preparadas para escucharte», «Cada vez que alguien ha querido aportar un mensaje que serviría de verdad a la Eternidad y a la felicidad del Ser ha sido rechazado, incomprendido o anulado», «No te expongas», «No merece la pena», etc. Fue en ese momento cuando mi Ser me presentó el ultimátum: un derrame cerebral. Una calurosa mañana de verano, tras haber realizado un ejercicio físico, estalló un súbito e increíblemente insoportable dolor en la cabeza. Inmediatamente sentí que había llegado la hora de tomar una decisión: dejar ya este cuerpo y continuar mi camino, o bien decidirme a ser Quien yo había elegido venir a ser y a manifestar. En el instante mismo, hablé con mi Ser y le dije: «Aquí estoy yo, estoy para ti y ahora elijo manifestarte. Estoy de acuerdo».

En la UCI escuché cómo los médicos hablaban de que mi cama quedaría libre para acoger a otro paciente. Por la localización y la cantidad de sangre derramada, parecía imposible salir con vida de aquello y mucho menos recuperarme. Incluso le pidieron a mi pareja que firmase los papeles para decidir qué hacer con mi cuerpo. Han pasado cuatro años del accidente cerebral del que me recuperé en un mes, sin secuelas ni medicación. Desde allí, entre otras cosas, escribí este libro y preparé mi traslado a los Estados Unidos. Estoy totalmente disponible y dispuesta a manifestar a mi Ser dando a conocer mi mensaje a la escala a la que me había prometido hacerlo. La felicidad ilumina mi camino.

Recuerda: Yo solo soy responsable de lo que digo, no de lo que las personas entiendan que he dicho o decidan hacer con ello.

Y ahora dime tú, ¿recuerdas cuál es tu misión?, ¿recuerdas qué has venido a manifestar en este planeta?, ¿qué te provoca pasión y alegría?, ¿qué haría o hace que te despiertes ilusionado cada mañana?

Eric era un joven policía que llegó a trabajar conmigo dispuesto a hacer un cambio de profesión. Decía que ser policía ya no le llenaba ni producía satisfacción. Tras una sesión decidió hacerse bombero y en menos de un año ya pertenecía al cuerpo de bomberos de su ciudad. No obstante, Eric, habiendo trabajado conmigo solo una vez, no había explorado todas las posibilidades que le ofrecía su vida, no había llegado a descubrir cuál era su auténtica misión. Dos años después retomó su trabajo evolutivo, pues no se sentía totalmente satisfecho con su nueva profesión. El sueldo era bueno y le permitía disfrutar de un montón de tiempo libre, pero aún sentía que le faltaba algo.

Eric se dio cuenta rápidamente de que lo que él siempre había que-
rido hacer era actuar, ser actor. Sus humildes orígenes le habían llevado,
hasta eso momento, a ver su carrera soñada como un simple sueño to-
talmente fuera de su alcance. Eric no se lo pensó dos veces, decidió com-
paginar su trabajo como bombero con cursos regulares de actuación y
clases de inglés. Cada día se sentía más feliz y animado.

Hace unos meses Eric dio un paso que para él hubiese resultado
totalmente impensable años antes: se fue a Los Ángeles para perfec-
cionar su inglés y formarse como actor. Su sorpresa fue mayúscula el
día que se dio cuenta de que su misión no era solo la de actuar y pro-
vocar emociones en los demás, sino que además estaba sirviendo de
ejemplo para sus progenitores y hermana. Para aquella humilde pa-
reja y su hija, que nunca habían salido de su pueblo natal, ver cómo
Eric viajaba tan lejos persiguiendo un sueño, les había despertado la
curiosidad y las ganas de disfrutar. Hace una semana Eric me llamó
para contarme que sus padres, disponiendo de algo de dinero aho-
rrado, habían decidido, una vez jubilados, dedicarse a viajar y des-
cubrir mundo.

Es cierto que para Eric, un joven soltero sin obligaciones familiares, hacer cambios en su profesión era menos complicado que
para los que tienen otro tipo de obligaciones y responsabilidades.
En ocasiones llegan a trabajar conmigo cabezas de familia cargados
con pesados créditos e hipotecas que se sienten frustrados en sus
trabajos y desean cambiar de rumbo, pero temen perder el sustento
económico que les aporta su actual profesión.

No importa cuánto tiempo hayas pasado ignorando tu misión,
siempre hay formas de compaginarla con tu actual vida o encontrar
formas creativas de manifestarla.

El día que conocí a Claire trabajaba como abogada en un pres-
tigioso bufete en París. Claire, que por aquel entonces ejercía de madre

soltera, había estudiado Derecho animada por su padre abogado. Desde que era una niña había dado por hecho que sería abogada, pero nunca se había planteado seriamente si era eso lo que a ella le gustaba, lo que la llenaba realmente.

Vino a mi consulta por una leve depresión que no conseguía superar y por un constante dolor en la parte superior de la espalda. Aquella mujer, apasionada por la ecología y el cuidado del planeta, enseguida sintió que su misión tenía algo que ver con la preservación del medioambiente, aunque no sabía exactamente qué. Durante las siguientes sesiones la acompañé para que descubriera qué era aquello que quería hacer, la acompañé para que atrajera ese puesto, ideal para ella, que le permitiera sentirse feliz ganando dinero. Al cabo de un mes la llamaron de un conocido grupo ecologista ofreciéndole un interesante puesto en su departamento legal. El sueldo era algo inferior al que había tenido hasta ese momento, pero el horario era mucho más razonable, permitiéndole disfrutar de tiempo con ella misma y con sus hijos. Claire no se lo pensó dos veces y utilizó su nuevo tiempo libre para escribir un libro sobre ecología, Derecho y espiritualidad. Los beneficios que obtuvo del libro suplieron la diferencia de sueldo.

Como en el caso de Claire no siempre necesitamos hacer cambios radicales en nuestras vidas, o incluso los podemos compaginar con nuestra actual profesión.

Stephanie era una joven soltera que si bien adoraba su trabajo y no tenía ninguna intención de dejarlo, sentía que le faltaba algo. Estando a su lado era imposible no reírse. En ella el humor parecía salir de una forma tan natural como efectiva. No hicieron falta más de dos sesiones para que Steph se decidiera. Ahora compagina su trabajo diario con actuaciones los fines de semana como humorista en un club de comedia. Nada le produce más alegría que hacer reír a las personas. La sensación de vacío que la acompañaba se esfumó.

No importa cuántos años hayas pasado dándole la espalda a tu misión, siempre puedes elegir retomarla. El presente te pertenece y tienes el poder de crear tu futuro a tu manera.

Christophe acaba de enviudar el día que llegó a verme. A sus 85 años sentía una gran aprensión hacia la muerte. Viéndose solo y con la hora de partir cada vez más cerca, sentía miedo, tristeza, frustración y una gran impotencia. El hombre me confió que tenía la sensación de que aún había algo que tenía que hacer, algo que no había hecho. Me decía que no se sentía preparado todavía para morir. Bastaron unas pocas sesiones, para que al recordar Quién era y para qué había venido a este planeta, dejase de sentir ese miedo, hasta hora paralizante, a morir. Al cabo de un par de semanas ya se sentía preparado para continuar su camino libre de su cuerpo humano, al tiempo que se sentía animado y con más ganas que nunca de disfrutar de lo que le quedaba en esta vida.

Haber vivido ya 85 años en la ignorancia de su Corazón y felicidad no impidió a Christophe descubrir la Luz de su Corazón. Juntos confeccionamos una lista con todas las cosas que quería hacer. Lo primero que hizo fue aprender a pintar, hobby que compaginó con un viaje a la Patagonia, un crucero por los fiordos noruegos, un safari fotográfico por Nigeria y una estancia en un Spa en Tailandia. Antes de dejar su cuerpo Christophe me regaló un precioso cuadro que él mismo había pintado durante una estancia en los Alpes suizos. Siempre me despierta una sonrisa mirar aquel cuadro que cuelga en las paredes de mi casa y leer las palabras que en él me dedicó: «A la persona que me ha enseñado —sí, sí, no me riñas, ya sé que solo me lo has recordado— a Vivir. Gracias profundas e infinitas».

Si aún no recuerdas cuál es la misión que te prometiste llevar a cabo en esta vida, no pasa nada. Tu Ser guarda amorosamente esa respuesta en tu interior. Pronto te mostraré la forma de aprender a retomar tu comunicación con él. Hasta entonces permíteme hablarte de los principios que rigen este universo.

Capítulo **17**

Los principios universales a tu servicio

LA ESENCIA NOS DOTA invariablemente del poder de cocrear a través de nuestras experiencias.

Todos nacemos con un «manual de instrucciones» que nos dice qué hacer para poder recrear la vida que deseamos. El problema, como siempre, radica en que nos olvidamos de cómo leerlo, nos olvidamos incluso de que está invariablemente en nosotros esperando para ser reconocido y utilizado.

En ese «manual de instrucciones» están descritos los principios que rigen en este Universo, cuál es su impacto en nuestras vidas y cómo utilizarlos a nuestro favor. Sí, la Esencia creadora nos ha dotado del poder de construir, de elegir nuestras experiencias y del Conocimiento para poder lograrlo. Ha puesto a nuestra disposición sus principios universales, sus leyes y reglas que nos permiten construir nuestra vida tal y como deseamos vivirla.

Recuerda los principios universales

La Vida te ha dotado de todos los ingredientes necesarios para que puedas manifestar la felicidad y disfrutar, pero, ¿de qué te sirve si no los recuerdas? Por mucho que te sentases delante del mejor jugador de ajedrez del mundo, con el mejor tablero, la mejor iluminación posible, las mejores fichas, ¿crees que podrías jugar al ajedrez si no conocieses las reglas del juego?

Imagínate a dos equipos de fútbol en un partido de la final de un campeonato. El público observa atentamente tras unas gradas separadas del campo de juego por unas inmensas cristaleras insonorizadas. Al salir al campo de juego, los jugadores se olvidan de todo. No solo no recuerdan cuáles son las reglas del juego, sino que ni siquiera saben para qué van a jugar, de hecho no tienen la más remota idea de qué es lo que están haciendo allí. Lo más probable es que se pasen la hora y media que dura el partido sentados, pasando el tiempo o incluso peleándose. Algunos sencillamente esperarán a que alguien venga y les diga qué han de hacer. Es posible que alguno eventualmente le dé una patada al balón, pero de ahí a llegar a jugar un auténtico partido y sacarle todo el provecho posible a su entrenamiento y a ese campo de juego hay una gran diferencia.

Eso es precisamente lo que hace el Ser humano. Dispone de un inmenso campo de juegos que le permite crear su vida ideal en todos sus aspectos, pero se ha olvidado de cómo jugar, se ha olvidado de los principios, de las reglas que le permiten jugar y así lograr lo que desea. Incluso se ha olvidado de que la única razón por la que está en ese campo era precisamente esa: jugar con Alegría.

Los principios que rigen el universo son las reglas de juego en nuestras vidas. Para reaprender cómo construir y disfrutar de la vida que deseas, habrás de recordar, no solo cuáles son esos principios, sino también cómo utilizarlos a tu favor.

A continuación te ofrezco una sencilla lista de principios «aceptables» o entendibles desde la mente humana. Si bien rigen otros principios, en esta maravillosa experiencia de la Vida, los cinco que te expongo aquí son los únicos que necesitas en estos momentos para transformar tu existencia y comenzar a disfrutar de una experiencia gratificante. De nuevo este no pretende ser un exhaustivo tratado científico con todos los principios que rigen este universo. Es, únicamente un recordatorio que te acompañe en tu camino por los senderos de esta, tu vida en el planeta tierra.

1. **El principio de la evolución:** en este universo todo tiene tendencia a evolucionar, a iluminarse. La Oscuridad busca ser iluminada.

2. **El principio de la dualidad:** este universo, como todo lo que en él existe, es dual, está compuesto de Luz y de Oscuridad.

3. **El principio de la interconexión:** todo está hecho de energía. Desde tu cuerpo material hasta la luz de una bombilla están hechos de átomos de Luz. Todos los seres procedemos de la misma fuente y estamos interconectados, unidos por la gotita de la Esencia que habita en nuestro interior, creando una infinita red de interconexiones luminosas.

4. **El principio del Amor:** el Amor, la Luz, es el único carburante que existe, tanto en este como en el resto de los infinitos universos que coexisten. La Luz es la que nos permite conectarnos a unas corrientes o a otras, es la que nos permite viajar, como seres, de un planeta a otro, de una galaxia a otra, de un universo a otro.

5. **El principio de la cocreación:** somos los cocreadores de nuestros propios mundos y realidades. Cada evento, cada situación, cada circunstancia de nuestras vidas ha sido materializada, creada por nuestras emociones, sensaciones y pensamientos, seamos conscientes de ello o no.

La Física Cuántica hace ya años que ha probado cómo las emociones, sensaciones y pensamientos tienen el poder de alterar la realidad. Con cada pensamiento, con cada intención y deseo estamos creando nuestra realidad. Estamos cocreando nuevos mundos. Creamos aquello en lo que nos enfocamos aquí y mucho más allá de lo que te puedas siquiera llegar a imaginar.

Tienes el derecho y el deber de crearte una experiencia desde la Luz

Estos principios son los que te permiten cocrear, construir y materializar la vida que quieres. Sin ellos, perdido y confuso como los jugadores de fútbol, no sabrás qué hacer con lo que se te ha dado. No sabrás cómo sacarle provecho a tu vida ni cómo crear tu realidad. Te sentirás indefenso y creerás que las cosas te suceden por azar.

Érase una vez un reino, en un mundo muy lejano al nuestro, donde el príncipe heredero de la corona y de la inmensa fortuna de sus padres, los reyes, acababa de nacer. El consejero del Rey, hombre sabio y poderoso, principalmente atento a su Corazón despierto, no sabía cómo hacer para despertar a sus majestades a las tremendas injusticias que estaban cometiendo con su pueblo. Así fue como trazó un arriesgado plan con un único objetivo: lograr que el nuevo heredero se convirtiese en un hombre humilde, atento a su Corazón y bueno y generoso con su pueblo. Para ello sabía que tendría que alejarlo de sus padres y de la educación que estos podrían proporcionarle.

Aprovechando la oscuridad ofrecida por una noche de luna nueva, el consejero, se llevó al recién nacido y lo dejó al cuidado de una humilde campesina. Le dio firmes instrucciones para que de ningún modo y bajo ninguna circunstancia desvelara al muchacho quién era en realidad. Antes de partir colocó alrededor del cuello del bebé un colgante de hojalata muy especial. En el instante en que el príncipe eligiese estar atento a su Corazón el misterioso colgante se abriría desvelándole la verdad sobre quién era y el tamaño de su fortuna.

Los reyes, destrozados por la desaparición del pequeño, no hicieron sino llorar su pérdida y continuaron descuidando sus obligaciones hacia su pueblo.

Los años pasaron y aquel príncipe fue creciendo como un humilde campesino. Aprendió a trabajar el campo y a quejarse como lo hacían todos por allí. Se quejaba de la mala suerte que había tenido de haber nacido pobre, se quejaba de lo injustos que eran los reyes se quejaba de la lluvia a la que acusaba de hacer aún más ardua su tarea, se quejaba de los ardientes rayos del sol por la misma razón, se quejaba por la sequía, se quejaba por la escasa cosecha... El joven príncipe, ignorante de su origen y de su poder, siempre tenía una razón para inundar su interior de amargura, frustración, rencor y resentimiento. Y lo que es peor: estaba convencido de que no había nada que pudiese hacer para cambiar sus circunstancias.

El consejero, desanimado al ver que su plan no estaba dando resultado y que el joven príncipe no se estaba convirtiendo en el futuro soberano que él tanto esperaba, decidió hacerle una visita. Él mismo trataría de hacerle despertar a la belleza de su Corazón. No obstante, en su camino hacia el poblado, sus lujosos y llamativos ropajes despertaron la envidia y el resentimiento de algunos que vengativos le asaltaron y acabaron con su vida.

El príncipe, enchufado a las corrientes más oscuras del resentimiento y la amargura, pasó su vida como el desdichado campesino que creía ser.

El blanco ya se había instaurado en sus cabellos el día que su anciana madre adoptiva murió. En su lecho de muerte, le cogió la mano y mirándola con cariño recordó lo mucho que aquella mujer había hecho por él. En el instante en que sintió el Amor en su Corazón, el colgante se abrió. De él cayó un pequeño pergamino que se desplegó en el aire desvelándole su historia. Las lágrimas corrían incesantes por sus ya arrugadas mejillas, al darse cuenta de cómo había desperdiciado su vida al no elegir existir desde su Corazón. No obstante, también se sentía feliz, pues se daba cuenta de que su vida no había sido tan desdichada como él había creído y sobre todo porque ahora había entendido que siempre iba a disponer de la herramienta más poderosa para no volver a sufrir jamás: su Corazón.

El Ser humano, en la vida, hace como ese príncipe ignorante de su fortuna. Vive la vida duramente y con muchos sacrificios ignorante de que dispone de toda la riqueza que pueda desear y de las herramientas para materializarla en su vida. Confundido por su ego, recrea una y otra vez las experiencias que lo alejan cada día un poquito más de su verdadero Conocimiento, de su posibilidad de ser y de sentirse feliz.

Al olvidarse de que es el creador de sus experiencias y de que sus pensamientos crean su realidad, como ese príncipe ignorante de su origen y derechos de nacimiento, y enchufado como lo está principalmente al ego, como él lo estaba a su amargura, el humano estará creando, sin saberlo, experiencias desagradables, estará perpetuando el malestar y el sufrimiento.

Las distintas realidades que coexisten

Los limitados sentidos humanos os hacen percibir la realidad como unidimensional, con unos marcados límites espaciotemporales. La Realidad, no obstante, es bien distinta. No solo coexisten varias realidades, varios mundos, en este mismo planeta, sino que a su vez coexisten una infinidad de universos superpuestos. Incluso nosotros mismos como seres energéticos que somos coexistimos simultáneamente en varios planos, en varios de esos universos, pero este tema supera la finalidad de este libro y de lo que, en él, pretendo transmitirte en este momento.

Ya únicamente al nivel que todos podéis percibir con los cinco sentidos comúnmente utilizados puedes darte cuenta de que incluso en esta limitada visión de la Realidad, coexisten diferentes vivencias y realidades. Ahora mismo, aquí donde me encuentro escribiendo este libro, la región de Cannes en la Provenza francesa, coexisten realidades tan diferentes que parecerían de mundos distintos. Por ejemplo, la realidad de un próspero jubilado, felizmente casado, que disfruta en paz de una preciosa casa rodeada de árboles, que dedica sus días a pasear, jugar al golf, navegar en su barco o comer en deliciosos restaurantes con su mujer y sus amigos. La realidad de una joven mujer recién llegada de su país natal junto a un marido que la maltrata amparado por su religión y a la que no permite salir de un diminuto piso interior alquilado y decadente. O la realidad de una funcionaria que se aburre en su trabajo al que asiste con la única finalidad de ganar el dinero justo para apoyar a su marido y sustentar a su familia. O el de un rico empresario de Europa del Este, traumatizado por su infancia y por sus diversas experiencias como adulto que se pasa el día bebiendo alcohol y fumando puros en el interior de su lujosa casa. Si nos ponemos en la piel de todas estas personas, ¿no parecería que viven en mundos totalmente distintos? Y, sin embargo, no están a más de 500 metros los unos de los otros.

Y si llevamos este ejemplo a una mayor escala veremos todas las realidades tan distintas que existen en este mismo planeta. Date cuenta de las diferencias entre un adolescente nacido en una adinerada familia de Los Ángeles con uno nacido en una aldea del Congo, o las diferencias entre una exitosa mujer de treinta años trabajando en el mundo editorial en Nueva York en relación con otra mujer de la misma edad nacida en el seno de una familia conservadora africana, o una de los intocables de la India, o una que trabaja explotada en una fábrica en China. Las diferencias que existen en este mundo son abismales. Las realidades son tan múltiples como lo son las vibraciones de las corrientes energéticas a las que esas personas se conectan. Unos viven experiencias tranquilas y relativamente agradables mientras que otros viven literalmente en un infierno constante de maltratos y sufrimiento extremos.

Tienes el poder y el deber de escoger qué realidad quieres crear en tu vida

Pero, ¿qué hace que las vivencias de estas personas sean tan distintas? ¿Qué hacen los unos o qué no hacen los otros para haberse creado experiencias vitales tan diferentes? Lo que marca la diferencia son las corrientes energéticas de distinto nivel vibratorio a las que eligen enchufarse.

Por decirlo de alguna manera, es como si estuvieses caminando por el decorado de un gran estudio de Hollywood y pudieses elegir en cuál de ellos quieres vivir. ¿Qué escogerías: el decorado de *El diario de Noah* o el de *Juegos del hambre*? Sí, tú puedes escoger qué tipo de película quieres vivir. Y dime, ahora que recuerdas que dispones del poder de crear tu vida, ¿qué tipo de realidad quieres vivir?

La fealdad y la belleza, el amor y el miedo, la alegría y la tristeza, la abundancia y la pobreza, todas ellas conviven, simultáneamente, en un mismo lugar. Son distintas realidades que comparten la misma dimensión espaciotemporal. Simplemente has de decidir en cuál de esas realidades quieres vivir, con cuál te vas a conectar. Sí, es sencillo y a la vez tan poderoso.

Permítete ser consciente, en tu día a día, de estas diferentes realidades, de estas múltiples multiplicidades y presta especial atención a las que tú mismo quieres experimentar.

Escoge deliberadamente tus pensamientos, aprende a tranquilizar tus emociones y elige enfocarte invariablemente en tu Luz, enchufándote al hacerlo a corrientes de Amor, bienestar, éxito, alegría, salud, abundancia, etc.

Ahora que estás en el camino de crear una nueva realidad para ti, habrás de reaprender, no solo a conectarte a corrientes más luminosas a través de tus pensamientos, sensaciones y emociones, sino también a hacer pedidos a tu Ser para que te ayude a crear una nueva realidad y a aumentar el nivel vibratorio de tus emociones.

Capítulo 18

Dirige tus pensamientos

La Oscuridad es el hábito, mientras que la Luz es una elección consciente y elegida.

¿Por qué hay más sufrimiento que bienestar en este planeta?

¿Tú qué ves que predomina más en este planeta: el sufrimiento o el bienestar? Fíjate bien en la población de cada uno de los continentes, en sus condiciones de vida y dime, ¿hay más personas que sufren o más personas que viven una vida naturalmente agradable en este planeta?

Este universo en el que habitamos es predominantemente oscuro y así lo son todos los seres que habitan en él. Las corrientes energéticas oscuras, los pensamientos, las emociones y los comportamientos oscuros predominan, aún, sobre los luminosos. ¡No hay razones para alarmarse! Recuerda que la Oscuridad no es mala en sí misma, no es más que la otra cara de la Esencia aún no experimentada y que está ahí para que tú la transformes.

Dado que las corrientes oscuras son mucho más numerosas y están más presentes que las luminosas, es, por tanto, mucho más sencillo enchufarse a una corriente oscura que a una luminosa. Por decirlo de alguna manera, la Oscuridad es el hábito mientras que la Luz ha de ser una elección consciente y constante.

Mi misión al escribir este libro es que cada día seamos más los que nos enchufemos a esas corrientes luminosas, aumentando de esta manera el bienestar y a la vez el nivel vibratorio del planeta entero. Juntos podemos conseguir que la Oscuridad pase de ser el hábito a la excepción.

Recuerda: Cada vez que te enchufas a una corriente luminosa desde tu propia Luz, estás construyéndote una vida feliz, no solo aquí, sino también en los otros planos en los que tu Ser habita. Estás iluminando un poquito más la Oscuridad del universo mismo.

La importancia de prestar atención a tus pensamientos

Alrededor de un 80% de todos los pensamientos que tenemos a lo largo del día se escapan totalmente a nuestro nivel de conciencia, es decir, son pensamientos que están creando nuestras experiencias desde un estado de piloto automático. Al ser la Oscuridad más abundante que la Luz en nuestras vidas, no es de extrañar que este piloto automático y los pensamientos que nos ofrece, también sean predominantemente oscuros.

Todos tus pensamientos, sean del tipo que sean, tienen el poder de crear tus experiencias. No importa si son pensamientos inconscientes en modo piloto automático, o si son pensamientos deliberadamente creados desde tu ego, o bien pensamientos luminosos creados desde tu Corazón. Todos ellos están creando hoy tu realidad.

Pero ¿qué ocurre entonces cuando las personas continuamente crean su realidad desde los pensamientos oscuros del piloto automático? Las consecuencias son frustrantes y desmoralizadoras. Se sienten traicionados, engañados y no entienden por qué llegan las consecuentes experiencias dolorosas a sus vidas.

El automatismo de tus pensamientos no te causará ningún problema siempre y cuando estés enfocado en tu Luz, es decir, sintiendo y manifestando el bienestar total en tu vida. Sin embargo, en el momento en que no estás al cien por cien tranquilo, a gusto contigo mismo o con tu vida, si tienes preocupaciones o miedos de cualquier tipo, tus pensamientos automáticos estarán creando grandes frenos a tu felicidad cotidiana.

Para cambiar tu realidad, cambia tu enfoque

A la hora de crear tus nuevas experiencias, es fundamental que seas consciente, tanto como te sea posible, de lo que estás pensando, y que desde ahí elijas conscientemente qué pensar, sobre qué pensar y cómo pensar.

En el momento en que estés sintiendo cualquier tipo de malestar, detente y trata de identificar ese pensamiento que ronda por tu mente y seguramente sea el causante de esa emoción negativa. Una vez lo hayas identificado estarás en la disponibilidad de reconstruir tu experiencia desde un nuevo mensaje creador que tú mismo escojas utilizar desde tu Luz.

Pongamos un ejemplo; imagínate que te levantas por la mañana y al asomarte por la ventana ves que está lloviendo. Quizá desde el piloto automático pienses: «Buff, qué asco de tiempo» y sientas tristeza o apatía. En ese momento puedes pararte y cambiar voluntariamente de enfoque. Puedes decirte algo cómo: «Umm, sí está lloviendo y la Tierra lo necesita mucho» o bien: «Um, me encanta el olor a tierra mojada» o algo por el estilo. Después te dispones a desayunar y te das cuenta de que te has olvidado de comprar mermelada, quizá te digas algo como: «Siempre igual, soy un patoso, no hago nada bien» o «Vaya fastidio». Conscientemente puedes elegir parar ese pensamiento y decirte algo como: «Bueno, no pasa nada, me he despistado y la próxima vez estaré más atento. Pues así aprovecho a la salida del trabajo y voy a esa nueva tienda de alimentación natural que tanto tiempo llevo queriendo visitar. Así de paso elegiré una mermelada más sana para mí». La corriente a la que te enfocas es de una vibración totalmente distinta y así lo serán tus experiencias.

Recuerdo ahora a Timothy, un hombre de mediana edad que vino a trabajar conmigo a raíz de haber tomado la decisión de divorciarse y al temer perder el contacto con sus dos hijas. Su mujer le había amenazado varias veces con que si se divorciaba, le iba a hacer la vida imposible e iba a convencer a los jueces de que era un mal padre y que no debía tener contacto con las pequeñas. Hija de una familia de jueces y abogados había conseguido atemorizar a Tim hasta el punto de creer que podían impedirle seguir viendo a sus hijas, que por entonces tenían solo cinco y seis años. Ya en la primera sesión vimos por su forma de hablar que estaba principalmente enfocado en los aspectos negativos de su mujer y en su miedo a perder a sus hijas. Comprendió en seguida le necesidad de enchufarse a otro tipo de corriente para conseguir los resultados pacíficos que esperaba. Durante semanas se enfocó en verse disfrutando, feliz y en paz, con sus hijas y negándose a pensar mal de su, aun entonces, mujer. Durante las siguientes semanas su trabajo principal fue el de estar atento a sus pensamientos hacia ella. Cada vez que le venía un pensamiento negativo respecto a la madre de sus hijas, automática y deliberadamente buscaba algo en su realidad que le alegrase, podía ser cualquier cosa, en su caso le encantaba ir al cine y asistir a sus recientemente iniciadas clases de guitarra. Voluntariamente elegía dirigir sus pensamientos para mantenerse en una corriente de bienestar.

Un par de meses más tarde me contó, agradecido y emocionado, cómo su mujer le había llamado antes del juicio para disculparse por su comportamiento guiado por su ciego dolor y para agradecerle los buenos momentos que, como pareja, habían pasado juntos. Hoy, tres años después, aún mantienen una cordial amistad. Tim no solo disfruta de las visitas que le corresponden, sino que su exmujer le permite ver a las pequeñas libremente.

Un deliberado cambio de enfoque modificó radicalmente la experiencia de Tim, dio un vuelco a su relación con la madre de sus hijas. Tú, como Tim, puedes elegir enfocarte únicamente en los pensamientos beneficiosos para ti. Busca consciente y deliberadamente pensamientos buenos, amorosos, alegres, beneficiosos y creadores de bienestar.

Victoria es una buena amiga a la que conocí hace ya más de diez años en España. Su vida, por aquel entonces, estaba totalmente patas arriba: trabajaba desde su casa en una empresa que había creado y que no la satisfacía. La empresa vendía aparatos para facilitar que las personas pudieran llevar una alimentación natural y sana. Si bien el tema y los productos le apasionaban, no así el trabajo que realizaba cada día. Estaba agotada, se sentía triste y no tenía tiempo para disfrutar en compañía de sus dos hijos, que por aquel entonces tenían uno y cinco años. No veía salida a su situación.

Recuerdo perfectamente su gesto esperanzado un día que tomando un café le pregunté si no se había planteado vender la empresa. Victoria, si bien se lo había planteado alguna vez, no creía que pudiese obtener nada por ella, dado que su situación no era muy alentadora: no tenían página web, ni contratos con proveedores, ni un local... No obstante, me pidió ayuda para venderla y cambiar de forma de vida, así que nos pusimos manos a la obra. Victoria se mantenía centrada en su objetivo todo el día: se veía habiendo vendido la empresa y disfrutando de su profesión ideal. Decidida, pasaba el día consciente y deliberadamente conectada a corrientes luminosas. Al cabo de unos días se puso en contacto con un bróker empresarial que acababa de abrir una sucursal en su ciudad. En solo un mes esta em-

presa de brókeres consiguió vender la empresa a un joven ejecutivo por la entonces elevada suma de medio millón de dólares. Unos años más tarde Victoria se encontró con el nuevo propietario en una feria de alimentación ecológica. Comenzaron a charlar y este le dijo que si bien había visto desde un primer momento que la empresa no estaba en muy buenas condiciones, y que precisaba de mucho trabajo para sacarla adelante, el entusiasmo de Victoria al hablar del proyecto y sus productos le habían tocado tan profundamente que había decidido invertir en ella. Según sus palabras: «Sentí un intenso impulso y supe que esa empresa sería mía».

Podría seguir compartiendo contigo cientos de ejemplos de personas que han llevado a cabo cambios importantes en sus vidas con un simple y sencillo cambio de enfoque; no obstante, creo que ha llegado ya el momento de mostrarte a ti también las herramientas que te permitan pedir ayuda a tu Ser para crear nuevas experiencias de bienestar y disfrute.

Capítulo 19

Pídeselo a tu Ser

Tú eres el único creador de tu vida, y es tu deber diseñar las experiencias que deseas vivir y experimentar con tu Corazón.

TODOS TENEMOS LA OPCIÓN de dirigir conscientemente nuestros pensamientos, o bien de dejar a nuestra mente libre en su estado de oscuro piloto automático, como aquel taxista que se había olvidado de que llevaba un pasajero con un GPS de la felicidad y así divagaba sin rumbo por las calles de la ciudad.

Tú tienes el derecho y el privilegio de enfocar tu mente en nuevos pensamientos luminosos y creadores de experiencias ricas y beneficiosas: los mensajes poderosos.

Pídele a tu Ser todo lo que deseas lograr, ya sea emocional como material

Un mensaje poderoso es una orden, un encargo o pedido que la persona le hace al núcleo luminoso de su Ser, a la Esencia en sí misma. No son peticiones ni ruegos ni suplicas, sino auténticos pedidos.

Esa Esencia hija y parte de la Esencia del Todo, es la que se encarga de recrear las experiencias luminosas deseadas por la persona.

La Esencia creadora del Todo, por el principio de la cocreación, reproduce todo aquello que le pides en tu vida.

Es como si el conductor del taxi, ahora consciente de que lleva un pasajero con un GPS de la felicidad, le pidiese indicaciones claras y concretas sobre cómo llegar a la calle «un nuevo trabajo lucrativo e interesante», o a la calle «disfrutar con la pareja ideal para mí», o a la avenida de «la salud total», o al bulevar de «la abundancia económica», o al de «la relación consciente con mi Padres creadores», o al camino de «una fantástica relación con mis hijos».

La importancia no radica ni principal ni únicamente en las palabras que emites al decir el mensaje, sino sobre todo en la emoción y en la sensación que acompañan a esas palabras. Tu decisión clara y firme es la que lanza tu mensaje. Por decirlo de algún modo, el nivel vibratorio desde el que emites tu pedido es el que va a determinar el resultado, lo que la Esencia va a percibir que quieres experimentar.

Enchufa tu mente a la Luz de tu Corazón

Cuando hablo de formular un mensaje poderoso, no hablo de repetirlo una y otra vez como en un intento de convencerte de que será así, sino de formularlo desde tu conciencia y disponibilidad total.

Imagina por un instante a una persona que mirándose al espejo, se dice: «Disfruto de una gran abundancia económica» pero, en lugar de decirlo desde la totalidad de su Ser y su persona, lo dice solo desde su mente. Esta, enchufada a su ego, no se lo cree y por tanto no se expande por todo su cuerpo la sensación de que así va a ser. Lo que sí expandirá, sin duda, serán sensaciones de frustración y de tristeza, por sutiles que estas puedan ser. ¿Consecuencias? Estará atrayendo más experiencias donde pueda sentirse de la misma manera: frustrada y triste.

Repetir los mensajes desde la mente desenchufada del Corazón, es como si el taxista, ajeno a su pasajero, se dijese una y otra vez: «Cómo me gustaría llegar a la calle de la alegría». Al no escuchar a la voz de su pasajero, no tomará la ruta adecuada y por tanto no llegará. Lo único que conseguirá es sentirse cada vez más impotente, triste y frustrado.

Imagina por un momento a dos personas que compran y leen el mismo libro de poemas. Uno de ellos lo recita sintiéndolo con intensa pasión. El otro simplemente lo lee sin sentir ni expresar ninguna emoción. Si bien el poema es el mismo, no así el resultado emocional que provoca en cada uno de ellos ni en aquellos que les escuchan. Las vibraciones emitidas por ambos lectores no son las mismas, del mismo modo que las vibraciones que emites al formular estos mensajes únicamente desde tu mente no son las mismas que si lo haces desde la totalidad del Ser humano que eres: tu cuerpo, tu mente, tu Corazón y tu Ser, el libre albedrío en ti.

Los mensajes han de ser formulados desde un Corazón despierto, una mente atenta a él y un libre albedrío totalmente enfocado en la Luz de su Ser.

Imagina por unos instantes a un albañil que se está preparando para construir una casa. Por un lado, va a necesitar el material (cuerpo), el saber hacer (lucidez), su empeño y su decisión de construirla (libre albedrío).

Por mucho empeño, decisión y saber hacer que tenga, no podrá construirla si le faltan los ladrillos y el cemento. Del mismo modo que, aun teniendo todo el material necesario, no podrá construir la casa si le falta el empeño de trabajar en ella cada día o si le falta el saber hacer o la decisión. Al igual que ese albañil va a necesitar los cuatro aspectos para poder construir una casa, tú vas a necesitar reconocer y utilizar los cuatro aspectos en ti para construir tus experiencias.

Para ayudarte a formular mensajes poderosos eficaces y en armonía con tu bienestar, he creado la técnica que he llamado *Centring*. Asegúrate de adoptar este gesto de posicionamiento a cada ocasión en la que te dispongas a formular un nuevo pedido a tu Ser, un nuevo mensaje poderoso.

La técnica del *Centring*

La finalidad de este poderoso gesto de posicionamiento es la de retomar, armonizar y mantener el contacto y la comunicación entre tu Ser y tu Cuerpo, entre el taxista, el taxi y el pasajero.

El gesto adoptado en el *Centring* es la comunicación total en ti. Es una manera de reconocer a esas partes que coexisten en ti mismo a lo largo de tu cotidiano: el cuerpo y sus funciones, la energía telúrica que nutre tu cuerpo y la energía Esencial que ilumina tu Corazón y sirve de guía a tu libre albedrío.

Paso 1: Sitúate de pie delante de un espejo con las rodillas ligeramente flexionadas y las piernas separadas unos centímetros. Mírate a los ojos.

Paso 2: Coloca la palma de tu mano derecha sobre tu plexo solar. Con este sencillo gesto le estás indicando a tu Ser que lo reconoces y que quieres y permites que esté presente.

Paso 3: Sitúa la palma de tu mano izquierda en el centro de tu pecho, sobre el corazón. Con este gesto, estás reconociendo a tu Corazón, a tu Luz en ti.

Paso 4: Focaliza, consciente y voluntariamente, toda tu atención en la planta de los pies.

La planta de los pies es la puerta de la energía telúrica. Situando tu atención allí le estás diciendo a la Tierra, madre de tu cuerpo, que reconoces su poder en él. Le estás diciendo que sí que estás dispuesto y abierto a nutrirte de su energía.

Paso 5: Permanece en esta postura, mirándote siempre a los ojos y con la atención invariablemente fija en la planta de los pies. De esta manera estarás abierto para que la energía Esencial fluya libremente a través tuyo, entrando por el centro energético de tu coronilla y bañando a tu Corazón en su curso hacía el plexo solar.

El ejercicio del *Centring* permite a las dos corrientes energéticas más importantes: la telúrica, que entra por la planta de los pies, y la Esencial, que entra por la coronilla, que se encuentren en tu plexo solar, cuna de tu Yo, reforzando, al hacerlo, a tu libre albedrío. Una vez encontradas se fusionan y salen por el plexo solar expandiéndose en todas direcciones alrededor tuyo. En la sección de recursos de mi web encontrarás un vídeo que te muestra paso a paso cómo realizar este gesto.

Es importante que te des cuenta de que mientras estás enviando un mensaje poderoso estás emitiendo desde la parte luminosa de tu Ser. Al hacerlo, estás programando nueva información por todo tu cuerpo y trasmitiendo paz y alegría a cada una de tus billones de células que continuamente trabajan al unísono para nutrir y mantener tu salud emocional y física.

En mi página web y en mis perfiles en las redes sociales te ofrezco a diario nuevos mensajes poderosos que yo misma formulo para ayudarte. No obstante, es también importante que recuerdes cómo construir tus propios mensajes poderosos a tu favor.

Cómo formular Mensajes Poderosos creadores de experiencias luminosas

Formula tus mensajes en el tiempo presente

El presente es el único momento que existe. El pasado ya ha pasado y el futuro lo estamos construyendo ahora. No es lo mismo decir: «Estoy firmando la venta mi casa» que «En un mes firmaré la venta de mi casa». En el segundo mensaje estás diciendo que en tu momento presente no lo vas a firmar, que siempre será en un mes del momento presente; es decir, en una realidad que no existe, que nunca llegará.

Formula tus mensajes en positivo

Hay dos poderosas razones para enunciar los mensajes en positivo, es decir, haciendo hincapié en lo que sí quieres obtener.

La primera es que al decir lo que no quieres, por ejemplo, «No sigo en la carencia económica», tu mente focaliza tu atención precisamente en eso que no quieres, en este caso «carencia económica», y así estás sintiendo las emociones asociadas a esa carencia: frustración, rabia e impotencia.

Recuerda: La emoción es más poderosa que las palabras.

La segunda razón es que nuestras mentes son visuales. Si, por ejemplo, te digo: ¡No pienses en manzanas! ¿Verdad que lo primero que te ha venido a la mente son manzanas, muchas manzanas?

Asegúrate de que la imagen que le ofreces a tu mente sea aquella de lo que sí quieres disfrutar en tu vida, de modo que vea inmediatamente esa situación deseada y te procure las emociones placenteras asociadas a esa experiencia ya conseguida. Así estarás creando la realidad más favorable para ti. En lugar de decir «No vivo más en esta casa diminuta» puedes decir «Me permito vivir en una preciosa casa de cuatro dormitorios».

Especifica al máximo

Antes de formular un mensaje poderoso es importante que clarifiques al máximo qué es exactamente aquello que quieres crear.

Recuerdo ahora a una buena amiga que llevaba cuatro años tratando de vender tres guiones de largometrajes en Hollywood. Tras una corta charla sobre los mensajes poderosos y sobre cómo utilizarlos comenzó a trabajar el siguiente mensaje «firmo la venta de mi primer guión» Al cabo de un mes había vendido su primer guión. Quedamos aquella misma tarde para celebrarlo, pero, contrariamente a lo que hubiera sido esperado, mi amiga estaba triste y frustrada. Me explicó que el motivo de su frustración es que ella había dado por hecho que le pagarían mucho más por aquel guión. Esta guionista se enfocó en vender su guión y no en lo que quería obtener de la venta del mismo. Le faltó especificar exactamente lo que quería. A partir de esa conversación modificó su mensaje por: «Vendo un guión rápida, fácilmente y en las mejores condiciones económicas para mí». Al cabo de seis meses había vendido su segundo guión y esta vez a un precio aún superior al que ella esperaba.

Sé conciso

Cuanto más concisos sean los mensajes más claros serán y por tanto más poder tendrán. Haz la prueba: «Disfruto de mi nuevo puesto de trabajo ideal», o bien «Hago la entrevista para aquel puesto que encontré el otro día en el periódico en la empresa X y donde el salario era Y». En el segundo ejemplo la mente se pierde en los detalles, y de esta forma se diluye la emoción que buscamos sentir y potenciar.

Formula mensajes con los que te puedas identificar, que te suenen como reales, posibles

Una persona con un sobrepeso importante que dice: «Tengo un cuerpo esbelto» no se lo creerá. La disonancia con la realidad le hará sentir una frustración y así emitir una vibración que le mantendrá en el mismo peso. Sería más efectivo, por tanto, que esta persona dijera algo así como: «Estoy en el proceso de recuperar mi peso ideal» o «Estoy recuperando mi peso ideal».

Si lo que estás afirmando no te parece real, si no puedes sentirlo como un hecho que ya existe, puedes utilizar las siguientes expresiones:

Estoy en el proceso de obtener el/la _____ ideal para mí.
Me autorizo a disfrutar del/la/con _____ ideal para mí.
Me permito disfrutar del/la/con _____ ideal para mí.

Incluye al menos un sentimiento dinámico o una palabra relacionada con los sentimientos

Incluye en la formulación de tus mensajes, las palabras que aludan a la situación emocional que quieres experimentar al haber alcanzado esa meta.

«Disfruto relacionándome con mis nuevos amigos ideales», «Celebro la venta de mi primer libro», «Me encanta ver cómo mis ingresos aumentan cada día», «Me siento feliz y me encanta compartirlo», etc.

Algunas palabras o expresiones que son muy efectivas son: «Adoro», «Disfruto», «Triunfo», «Me encanta», «Me entusiasma», «Me alegra», «Me emociona», «Me apasiona», «Celebro», «Me siento feliz, alegre, tranquilo, sosegado, entusiasta, amoroso, seguro, sereno...».

Formula los mensajes exclusivamente para ti

Al igual que no puedes crear nada en la vida de otra persona, tampoco puedes formular mensajes para nadie más que para ti. Si, por ejemplo, tienes una mala relación con uno de tus hijos puedes decir: «Potencio mi paz en mi relación con Jane» en lugar de «Deseo que mi hija cambie».

A menudo recibo correos electrónicos de personas que me preguntan qué hacer para que otro se enamore de ellas, o para que alguien de su entorno cambie. Nadie puede hacer que otra persona se enamore de ella, sencillamente no funciona así. No obstante, sí tienes el poder de crear una realidad en la que disfrutes con una pareja; con una pareja que sea la ideal para ti. Del mismo modo no puedes hacer que otra persona cambie, únicamente puedes hacer tú los cambios oportunos para dejar de atraer cierto tipo de comportamientos de los demás, incluida esa persona.

Deja de poner límites a tu felicidad

En las situaciones en las que estás pidiendo algo concreto, como puede ser vivir en un lugar determinado, conducir un coche en particular, vivir en una casa concreta, o bien recibir una cierta suma de dinero. ¿Quién sabe? Quizá estemos pidiendo desde nuestra limitada mente humana y nos estamos cerrando a oportunidades aún mejores.

Por ejemplo, imagina que has estado de vacaciones en un sitio fantástico al que te gustaría trasladarte, aunque aún no sabes cómo lo puedes hacer y pides: «Disfruto viviendo en Washington D.C.». Quizá D.C. no sea el sitio ideal para ti, desde el Conocimiento de tu Ser. De modo que si dices: «Disfruto viviendo en Washington D.C. o en un lugar aún mejor para mí», por un lado, mantienes la emoción, la sensación agradable de vivir en ese sitio al tiempo que le das carta libre a la Esencia de tu Ser para crear una experiencia aún mejor en la que esa sensación agradable sea incluso más intensa.

Evita utilizar las palabras Quiero *o* Deseo *al inicio de tus mensajes*

Querer implica que hay una falta de algo. Decir «Quiero», equivale a decir «No tengo». Recuerda formular los mensajes como auténticos pedidos. En lugar de «Quiero vivir en una casa nueva» puedes pedir «Disfruto viviendo en la casa de mis sueños», o bien, «Lo que sí quiero es...»

Focalízate en una cosa en cada mensaje

De lo contrario, la energía se dispersará. Imagínate que formulas: «Disfruto viviendo en mi casa ideal con un coche seguro al lado de la pareja de mis sueños». Tu mente en un primer momento ve la casa, para instantáneamente tener que enfocarse en el coche y acto seguido en la pareja. No le da el tiempo necesario para trasmitir la sensación, la emoción creadora de bienestar asociada a ese mensaje.

Cómo y cuándo utilizar los pedidos a tu Ser

Puedes formular tus pedidos siempre y cuando lo sientas, o quieras a lo largo del día; no obstante, es importante y efectivo comenzar tu jornada ya desde una vibración creadora de bienestar. Para ello, una vez aseado y antes de empezar tu jornada, concédete unos minutos, colócate delante de un espejo en la posición de *Centring* y permítete conectarte, a través de tus mensajes poderosos, a las corrientes energéticas más beneficiosas para ti.

Lo ideal es que refuerces esa vibración creadora en varias ocasiones a lo largo de tu día. Reformula tus mensajes siempre que quieras y puedas hacerlo. Si tu actividad diaria hace incompatible que retomes el gesto de *Centring*, trata al menos de formular tus mensajes mirándote en un espejo.

Una vez has recordado la importancia de tener presentes los principios universales a tu disposición, de elegir conscientemente tus pensamientos enchufándote así a corrientes creadoras de bienestar y una vez has recordado cómo hacerle pedidos a tu Ser, necesitarás recordar cómo tranquilizar a tu ego y cómo lidiar con tus emociones.

Capítulo 20

Cuando el ego ataca

Tu ego necesita que le marques límites, que le muestres tu seguridad.

Es FRECUENTE QUE, una vez comenzamos a hacer cambios en nuestro día a día, nuestro ego esté especialmente activo, tratando de desalentarnos, haciéndonos creer que todo es inútil, que no merece la pena o que tú, por mucho que te «esfuerces», nunca lo lograrás o que el cambio es muy complicado, duro o incluso aburrido.

Sí, es cierto, hacer cambios requiere práctica, constancia y mucho Amor. Pero dime, ¿cuánto tiempo te llevó aprender algo tan sencillo y natural como es caminar o hablar?, ¿cuántos años has necesitado pasar por el sistema educativo para lograr el título que ahora posees? En esta experiencia de la materia y del espacio precisas de tiempo para aprender, o en este caso para reaprender las cosas. Una vez has entendido los innegables beneficios de retomar tu camino luminoso, sin duda merece la pena el «esfuerzo» que pueda suponer, porque dime, ¿cuál es tu prioridad en esta vida: seguir funcionando y sobreviviendo, día tras día, o empezar a existir, a sentir la felicidad fluir por tu vida como la sangre corre por tus venas?

Dime, ¿qué te produce más esfuerzo, seguir en tu Oscuridad sufriendo, día tras día, sus dolorosas consecuencias: escasez de dinero, mala salud, tristeza, malas relaciones, soledad, falta de motivación, malestar, nerviosismo, insatisfacción laboral, miedo, apatía, etc., o bien regresar a Ti y autorizarte a disfrutar en la infinita y gratificante alegría de existir construyendo al paso la vida que deseas y que te prometiste vivir?

La resistencia del ego a tus cambios

Tu ego, como el de cada uno de nosotros, teme los cambios, tiende a resistirse a ellos. Acostumbrado a ser él el que manda en ti, el que dirige tu vida, se siente de repente amenazado, asustado. De alguna manera teme desaparecer. El ego es solo como un niño pequeño que, asustado por los cambios, no entiende qué está pasando. Confuso y ansioso trata de hacer más ruido para que no te olvides de que está ahí. Al igual que tranquilizarías a un niño pequeño asustado o rebelde, lo has de hacer con tu ego. Solo necesita que lo tranquilices, que le ofrezcas tu seguridad.

Aprende a acallar a tu ego

En el momento en que sientas cualquier tipo de malestar emocional o te sorprendas teniendo pensamientos negativos o tengas cualquier sensación desagradable, es señal de que necesitas tranquilizar a tu ego, ponerle en su sitio, marcar sus límites y ofrecerle seguridad.

Para poder materializar a ese ego en ti y así calmarlo, visualízalo como a un niño pequeño que se manifestase en todas sus facetas más oscuras: el niño asustado, el niño travieso, el niño cruel, el niño triste, el niño rebelde, el niño revoltoso, el niño contestón, el niño malintencionado, el niño vengativo, el niño aburrido, etc. Háblale desde el adulto que eres interiormente.

En las situaciones en que está asustado ponte a su altura y dile: «Shh. Eso no es asunto tuyo. Ya estoy Yo aquí para ocuparme de nosotros».

En las situaciones en las que trate de que hagas fechorías, dile: «Shh, aquí mando Yo. Y Yo elijo actuar desde mi Corazón».

Imagina que tienes delante de ti a un niño de unos seis años que te dijera: «¿Y si mañana no tenemos para comer?». ¿Qué harías? Sin duda no entrarías en su miedo diciendo: «Ay, es verdad, qué horror, no sé qué podemos hacer». Le calmarías haciéndole sentir que eso no es asunto suyo, que eso es algo de lo que tú y solo tú, te puedes ocupar. Dirías algo así: «Tú no te preocupes pequeño, ya estoy yo para ocuparme de eso» o «De eso ya me encargo yo». Y en el caso de un niño pequeño que tratase de dirigir tu vida: «Quiero esto», «No quiero cuidarme», «Hoy no quiero trabajar», «No quiero que vayamos a visitar a...», «Quiero el coche que tiene fulanito», «Eso ya lo haré mañana», «Quiero comer solo comida basura», «Quiero el videojuego del vecino», etc. ¿Qué harías? ¿Actuarías según su voluntad, o te pondrías en tu sitio de adulto, en tu papel de cuidador y le educarías marcando los límites que más le ayuden?

La búsqueda de límites

Los niños pequeños necesitan ser educados para poder crecer en un entorno seguro y sentirse a salvo y protegidos. Cada uno de sus comportamientos es una especie de búsqueda de límites. Seguro que habrás oído hablar de «los terribles dos años». Esos dos años son un momento en el que los pequeños experimentan todo tipo de cosas, hacen todo tipo de, lo que para nosotros son, trastadas, buscando que les enseñemos qué pueden y qué no pueden hacer. Los límites son los que les proporcionan seguridad, los que les ofrecen unos marcos en los que crecer y desarrollarse con seguridad. El niño, para poder desarrollarse en la armonía y el bienestar, necesita sentir que sus educadores le marcan unos límites estables y constantes, amorosos y firmes, necesita sentir que están ahí para educarlo, para ocuparse de él, para no permitirle que se desvíe del camino que lo conduzca a su bienestar, felicidad y evolución (aunque no siempre sea ese el resultado de la educación sí es su finalidad).

Eso mismo espera nuestro ego de nosotros: busca límites, seguridad, sentir que puede confiar en nosotros.

¿Qué ocurriría si simplemente educásemos a los niños sin ofrecerles esos límites? Imagínate a un niño que a los dos años, cuando empieza a hacer trastadas, no reciba una orientación de lo que sí es aceptable y de lo que no es aceptable. Confuso y sin límites trataría de ir aún un poco más allá con la finalidad de entender qué es lo que sí y lo que no puede hacer. Trataría de testar sus límites y a sus educadores. Trataría de testar el ambiente en busca de sus tan necesarios límites, de sus referencias de vida. Si aun así no los encontrase, la angustia crecería en él, la confusión, la sensación constante de peligro al no saber ni poder distinguir qué acciones son peligrosas para él o lo contrario. Sin límites, sentiría la angustia de no saber hacia dónde dirigirse, la angustia y la apatía de no encontrar una satisfacción en sus acciones al no saber nunca si va a llegar a ser o no recompensado, reconocido por sus actos o bien aleatoriamente castigado.

Eso mismo ocurre con nuestro ego, busca límites, busca que nos pongamos en nuestro sitio, que le tranquilicemos, que les ofrezcamos seguridad. Es decir, que maduremos, que crezcamos. Pero, lamentablemente, la mayor parte de las veces, no lo hacemos. Cuando el ego nos habla, tendemos a escucharlo y dejarnos llevar por su emoción oscura, o le ignoramos pensando en otra cosa o incluso nos enfadamos con él por estar ahí, por existir en nosotros, incluso en ocasiones nos regañamos o criticamos a nosotros mismos.

Ofrécele tu seguridad y tu presencia luminosa

Lo único que necesita tu ego es ver que puede confiar en ti. Cuando le demuestras que tú estás, que eres sólido y estás para ti y para él, entonces y solo entonces, se tranquiliza y comienza a acallarse. Su voz se duerme permitiendo que predomine la voz de tu Corazón. Demuéstrale que, pase lo que pase, tú tienes la situación en tus manos, que tú eres quien está al mando, que tú puedes, que además tú estás para calmarle y permitir que fluya la felicidad independientemente de lo que ocurra o de lo que te diga él.

Joe era un joven empresario que padecía de frecuentes y repentinos ataques de pánico. A pesar de llevar varios meses con fuertes medicaciones, su problema no iba sino en aumento. Vino a verme tras escucharme en una conferencia que había impartido en su empresa. Joe se dio cuenta en seguida de que, a pesar de haber logrado un gran éxito profesional, en realidad sentía un miedo atroz a perderlo todo. Cuando le pregunté si había algún fundamento para que pensase así, me dijo que no, que no había nada en su realidad que le incitase a pensar así, pero que era lo que él llamó «esa horrible vocecilla» en su interior que no le dejaba en paz. Joe trataba desesperadamente de hacerla callar estando siempre ocupado con mil cosas para no escucharla, pero lo único que conseguía era que cada vez le hablase con más fuerza. En el transcurso de la primera sesión juntos Joe tomó conciencia de los mensajes catastróficos que su ego, libremente activo, le proponía incesantemente: «Vas a quedarte sin nada», «Un día lo puedes perder todo», «La vida es injusta», «Tú no te mereces todo lo que tienes», «Tu mujer es demasiado buena para ti», «¿Y si se muere y te quedas solo?» y cosas por el estilo. Le propuse que tratase de visualizar a su ego como a un niño pequeño que estaba muy asustado y que lo único que buscaba era que él le tranquilizase.

Esta nueva visión de aquella vocecita interna hasta ahora feroz enemiga, fue para él sumamente reveladora. Joe pudo dejar su medicación al cabo de unas pocas semanas y según me ha ido informando, hasta el día de hoy, no ha vuelto a recaer.

Aquí mando Yo

Jennifer acababa de terminar sus estudios universitarios cuando vino a verme. Se sentía triste y sola, pues todas las demás chicas de su edad tenían buenas amigas o pareja y ella no tenía a nadie. Decía que no podía conservar a ninguna de sus amigas, pues todas terminaban alejándose de ella sin que hubiera una razón aparente. Simplemente dejaban de llamarla o se distanciaban y no volvía a saber nada de ellas. Jennifer quería desesperadamente ser ese alguien importante para otro. Inmediatamente en su discurso se observaba la fuerte presencia de su ego. Al hablar de sus antiguas amigas, lo hacía con rencor, con críticas y resentimiento. La ayudé a ver a su ego como a un niño rebelde y enfurruñado que siempre necesitaba ver el defecto en los demás. Se dio cuenta rápidamente de que era ella la que había echado a sus amigas con su comportamiento crítico, superior y algo burlesco. También se dio cuenta de que su ego le proponía esos duros y críticos mensajes, pues se sentía muy asustado y nunca a la altura de los demás. En el momento en el que Jennifer recurrió a su lucidez, retomó el rumbo de su barco, se hizo con el poder en su interioridad y tranquilizó a su ego, fue paulatinamente sintiéndose mejor. Se dio cuenta de que ese comportamiento en realidad se lo había copiado a su padre, que no le pertenecía, que lo estaba imitando para sentirse reconocida por ese hombre crítico e inseguro que no cesaba de encontrar defectos en los demás, e incluso, o mejor dicho, especialmente, en su propia hija. Al salir de la primera sesión, una de sus antiguas amigas le había enviado un mensaje al móvil preguntándole cómo estaba y felicitándola por su graduación. Le pareció increíble.

En el momento en el que Jenny tranquilizó a su ego y retomó su poder utilizando su Corazón, se enchufó inmediatamente a una nueva corriente energética de cariño hacia ella y autenticidad, una corriente donde la amistad existía y desde la que podía compartir su retomado Corazón con su antigua amiga.

Recuerda: Cada vez que sientas una emoción oscura o algún tipo de malestar párate y trata de identificar esos pensamientos que te están causando esa sensación o emoción oscura. Identifica el mensaje que trata de pasarte tu ego y tranquilízale. Ofrécele tu presencia, tu firmeza y tu paz. Hazle saber que puede confiar en ti.

Capítulo 21

Tus emociones son tu mejor semáforo

Dime lo que sientes y te diré lo que estás creando.

POR EL PRINCIPIO UNIVERSAL de la cocreación tienes el poder irrevocable de crear tu vida en función de las corrientes a las que te conectes a través de tus pensamientos y emociones. Pero, ¿cómo saber, en cada momento preciso, si estás enchufado a una corriente oscura o luminosa, si estás expandiendo Luz u Oscuridad? O, dicho de otro modo, ¿cómo saber si le estás dando importancia al ego o al Corazón?

Las emociones son las que te van a servir de indicador para saber a qué tipo de corriente energética te estás enchufando. Cada vez que sientas una emoción agradable será indicio de que estás conectado a una corriente luminosa y así creando una vida de bienestar. Por el contrario, cada vez que sientas una emoción dolorosa, o te aburras, o no sientas ningún tipo de emoción estarás enchufado a una corriente oscura y por tanto creando sufrimiento en tu vida.

Sí, realmente es tan sencillo como esto: cada vez que te sientes «bien» estás expandiendo Luz mientras que cada vez que te sientes «mal» estás expandiendo tu Oscuridad.

En este universo oscuro existen dos emociones primordiales: el amor y el miedo. Todas las demás emociones que sentimos son variantes, derivaciones de ellas. El no sentir es también una elección de la Oscuridad. El que no siente está vacío de Amor, y ese hueco, ese vacío será invariablemente llenado por la Oscuridad y dirigido por el ego.

Puedes imaginarte tu interior como una oscura habitación sin ventanas con la puerta cerrada y la luz apagada. Basta con que le des al interruptor para que la luz de una bombilla venza a la antes dominante oscuridad. La elección es tuya: iluminar tu interioridad con la Luz de tu Corazón, o mantener la puerta cerrada y la luz apagada, dejando que permanezca la Oscuridad, obstaculizando tu bienestar, tu felicidad.

Seguro que has escuchado la expresión «levantarse con el pie izquierdo». Este dicho popular hace alusión al principio de la co-creación y a cómo atraemos situaciones en función de cómo nos sentimos. Si nos levantamos malhumorados, tristes o sintiendo impotencia y permanecemos en el malestar, nos estamos enchufando ya desde el despertar o incluso antes, a corrientes oscuras y lo más frecuente es que, de no hacer nada para remediarlo, terminemos viviendo un día desastroso, donde el malestar sea la tónica. Mientras que si nos levantamos «con buen pie», el resultado suele ser igual de agradable que ese maravilloso despertar.

Tu ego necesita cuidados

El ego, acostumbrado a hablar y pensar incesantemente a través tuyo, como en cada uno de nosotros, sin ser acallado ni tranquilizado, está continuamente proponiéndote pensamientos negativos. Esos pensamientos negativos, de los que en la mayoría de las ocasiones no somos conscientes, van a provocar en nosotros toda una variedad de emociones oscuras y por tanto dolorosas.

El problema es que la mayor parte de las veces ni siquiera somos conscientes de que el ego nos habla. Según diversos estudios científicos, el 96 por ciento de nuestras acciones están motivadas por pensamientos y sentimientos que están fuera de nuestro propio nivel de conciencia. Dado que tenemos entre cincuenta y sesenta mil pensamientos al día, y la mayoría son propuestos por nuestros egos, es completamente imposible controlarlos todos. Es muchísimo más fácil y efectivo aprender a prestarle atención a nuestras emociones y elegir potenciar los pensamientos que nos hablan de lo que realmente es importante para nosotros, en el aquí y ahora.

Una persona idealmente centrada, en constante comunicación con su Ser y atenta a su Corazón, al percibir el más mínimo malestar emocional, se preguntaría: ¿qué está causándome esta sensación? Desde el Ser despierto entendería rápidamente lo que ocurre y podría así tranquilizar a su ego. Ese ego iluminado, acallado, estaría gradualmente más tranquilo y por tanto silencioso. Y esa persona se sentiría cada vez más libre de emociones negativas, y, por tanto, más feliz.

¿Ves ahora la importancia de reconocer la presencia de tu ego para así reeducarlo, tranquilizándolo y apaciguándolo? Cuando el ego nos propone sus ideas oscuras, que en la mayor parte de las ocasiones ni siquiera alcanzan el nivel de la conciencia, nos sentimos «mal» y sencillamente nos resistimos, tratamos de ignorarlo o nos dejamos caer sumergiéndonos en la Oscuridad que nos propone sin entender de donde proviene ese malestar.

Aprende a lidiar con las emociones oscuras

La mayoría de las personas, al sentir una emoción desagradable, tienden a hacer una de estas tres cosas: resistirse, intentar ignorarla o bien sumergirse de lleno en ella, embebiéndose en el sufrimiento. En cualquiera de los casos el resultado asegurado es una buena dosis de malestar.

¿Recuerdas los roles que desempeñamos? ¿Qué hará una persona que se comporte principalmente desde el tirano? Sin duda, cada vez que se sienta mal lo pagará con los demás, con agresiones, acusaciones y maltratos de algún tipo. ¿Y una víctima? Posiblemente se pasará el día sumergida en esa emoción, dándole vueltas y lamentándose por el malestar que le causan los demás o la vida misma. ¿Y un hiperracional? Pues sí, en el caso de que llegue a sentir algo, tratará de ignorarlo, de evadirse, de hacer algo que le haga dejar de sentir de nuevo, de volver a su monótona y vacía vida falta de emoción y cargada de razón.

Recuerda: No puedes enfrentarte a la Oscuridad con sus propias artimañas. Lo único que puedes hacer es iluminarla retomando las herramientas de tu Corazón.

Imagínate a tres amigos que acaban de llegar a la ciudad de Nueva York. Ilusionados, pues es su primera visita a la Gran Ciudad, le piden indicaciones a un foráneo sobre cómo llegar al famoso Central Park. Este les asegura que basta con que sigan caminando por esa misma calle para llegar. Los tres amigos, contentos y cada vez más emocionados, caminan en la dirección indicada durante unos minutos. Pronto llegarán a ese parque del que tanto les han hablado y que tanto les apetece descubrir. Pero, para su desagradable sorpresa, la calle súbitamente, desemboca en una alta y gruesa pared de ladrillo.

Desconcertados, no saben qué hacer. Uno de ellos, sintiéndose engañado y rabioso, golpea la pared con todas sus fuerzas, pero, claro, las paredes, por lo general, no se mueven por mucho que alguien decida que no tendrían que estar allí. Cuanto más golpea y profiere insultos contra aquel hombre, para él malintencionado, que les ha engañado, más frustrado, impotente y enfadado se siente nuestro turista.

Otro de los amigos se deja caer apoyando la espalda contra el inesperado obstáculo. Así sentado se lamenta por su mala suerte, por lo desdichado que se siente, por lo dura que es la vida con él, porque una vez más nada sale como él esperaba, etc.

El tercero, viendo el espectáculo dado por sus dos amigos, decide sacar su móvil y comienza a leer las noticias, meterse en las redes sociales y jugar a algún videojuego. Trata de evadirse por todos los medios.

En ninguno de los tres casos: el que se resiste, el que se sumerge en el dolor y el que se evade, han logrado superar el obstáculo y llegar a su deseado objetivo: pasear por el parque.

¿Qué comportamiento alternativo les hubiese ayudado realmente a llegar al Central Park? La aceptación de que esa pared existía y que representaba un obstáculo salvable en su camino, como la aceptación de una emoción indeseada en nosotros, les habría podido ayudar a aliviar su impotencia, a retomar la dirección adecuada y a llegar al parque.

Eso mismo ocurre con nuestras emociones, únicamente su aceptación y la decisión firme de buscar una solución nos pueden ayudar a superarlas.

Resistirse a un obstáculo solo puede llevarte a la frustración: el obstáculo es un obstáculo y por tanto no se va a mover, tú eres quien puede cambiar de dirección. Imagina que caminando por tu casa te chocas contra un mueble, ¿qué haces?, ¿vas a oponerle resistencia empujándolo o sencillamente te vas a dar la vuelta y seguir tu camino? Las emociones dolorosas son como esos obstáculos en tu camino.

Cada vez que te invade una emoción dolorosa, párate, reconócela, busca su origen y decídete a soltarla. Decide que ya no te interesa permanecer en ese dolor que provoca en ti, en ese sufrimiento.

Decídete a soltar las emociones dolorosas

Ante cualquier emoción indeseada habla con tu ego, tranquilízale como ya te he enseñado.

Hay ocasiones en las que ese ego ha tomado ya tanto espacio o se ha instaurado durante tanto tiempo que te resultará difícil hacerle callar. Para esos momentos es muy útil la técnica que he llamado *Breathe it out*. Esta técnica utilizada por mis alumnos durante más de dos décadas es tremendamente efectiva para liberar emociones estancadas, liberar tensiones y recuperar la energía vital siempre menguada por la Oscuridad.

El paso previo a su puesta en práctica consiste en identificar precisamente de qué quieres liberarte. Para ello habrás de identificar qué es lo que te está causando ese malestar. Quizá sea un comentario, una crítica, un desprecio, una agresión ya sea verbal o física, una creencia, alguna situación desagradable inesperada (que te deje tu pareja, que pierdas el trabajo, etc.). Estas situaciones son las que te causan las sensaciones o emociones que liberarás de tu espacio a través del *Breathe it out*.

Una vez has identificado de qué quieres liberarte, tenlo bien presente mientras utilizas la técnica. Libera tu espacio como si quisieses echar de tu interior, de tu vehículo, a esa Oscuridad. Este ejercicio, al contrario que la huida o la lucha, te permite enfrentarte a la emoción, reconocerla para soltarla y dejar espacio para que penetre de nuevo la Luz.

De pie con las rodillas ligeramente flexionadas y las piernas separadas unos centímetros, levanta los brazos lateralmente con las palmas hacia arriba como si quisieras coger algo por encima de ti. Inspira profundamente al hacerlo. Tu atención no se desvía en ningún momento de la planta de los pies.

Una vez tus manos lleguen arriba en posición perpendicular al suelo, haz el gesto de coger eso que te molesta, ya sea una sensación, un pensamiento, un comportamiento o alguna situación que ya no desees en tu vida. Cierra los puños reteniendo ese malestar en su interior y entonces baja firmemente los brazos doblando los codos de modo que las manos con los puños cerrados bajen pegadas al lateral de tu cuerpo. Ahora tú decides. Al llegar a la altura de la cintura haz un gesto seco bajando las manos hacia el suelo como si quisieses tirar hacia la Tierra eso que guardas en las manos.

Mientras bajas los brazos expira al tiempo que emites un sonido «fua» alargando la vocal final. Siente que el sonido y la exhalación surgen directamente del plexo solar. Ten cuidado de no gritar desde la garganta, sino dejando salir el aire desde la boca del estómago.

Repite el gesto tantas veces como sientas que te hace falta, hasta sentirte totalmente libre de la emoción o sensación que crea tu malestar.

Con cada «fua» expulsa de tu interior toda la Oscuridad diciéndote: «Fuera». Libérate, suelta tanto como necesites, hazlo con rabia si lo necesitas, con determinación de que eso es lo que tú quieres. Atención cuando te digo que lo hagas con rabia, no es con rabia contra algo, alguien o contra tu ego sino desde la rabia liberadora que proviene del sentimiento de «¡Ya está bien!», de la decisión madura de dejar de hacerte daño.

En la sección de recursos de mi web encontrarás vídeos explicativos y ejemplos sobre cómo realizar esta técnica.

Ilumina tu espacio

Una vez hayas soltado y recuperado tu espacio interno, te resultará más fácil inundarlo con la Luz de tu Corazón y desde esa nueva disposición calmar a tu ego.

Una vez te hayas liberado de las tensiones creadas por las emociones dañinas permítete iluminar el vacío, ahora dejado, con pensamientos y emociones luminosas. Mírate delante del espejo y en la posición del *Centring* formula mensajes poderosos como ya te he enseñado. Un mensaje muy útil para emplear en este momento es: «Hágase la Luz en mí». Inmediatamente te conectarás a nuevas y gratificantes corrientes de bienestar.

Siempre que la situación te lo permita, al terminar el proceso de liberación, permítete unos minutos de relajación. Tumbado sobre una colchoneta firme y asegurándote de que tu cuerpo esté cómodo (no tiene frío, ni calor, ni tensiones, no necesita ir al baño...). Escucha alguna música relajante o simplemente el silencio con la palma de la mano derecha sobre el plexo solar y la de la mano izquierda sobre el corazón. La atención, como siempre, en los pies. Permanece en esa relajación meditativa unos minutos antes de incorporarte lenta y suavemente.

El llanto liberador

Si en cualquier momento de la práctica de esta técnica, o incluso de tu día a día, sientes ganas de llorar, permítetelo. Llorar permite liberar tensiones y emociones pesadas acumuladas. Llora para soltar, para liberarte a la vez que te perdonas. Mientras permites que el llanto te limpie y libere, dite interiormente: hablando desde tu Ser «Yo te perdono (sí, aquí tu nombre), Yo sí te quiero» y tranquilamente respóndele a tu Ser: «Yo también me quiero y elijo perdonarme»

Es fundamental que hagas la diferenciación entre llorar para soltar, para liberarte, perdonarte y dejar que fluya el Amor, la paz y la apertura por todo tu cuerpo, del llorar desde la víctima y la lamentación a lo que tan acostumbrado está el Ser humano.

Siempre que sientas la necesidad de llorar pregúntate ¿desde dónde siento ganas de llorar: desde el sentimiento de «Pobrecito yo», «Fíjate lo que me ha pasado» o «Fíjate en lo que he hecho» o «¿Por qué a mí?», o bien desde las ganas de liberarte y perdonarte por tus errores humanos o perdonar a otros? Llorar desde la víctima y la lamentación aumenta la Oscuridad, amplía el impacto de esa emoción dolorosa en ti y posiblemente afecta a los que te rodean.

Llorar para soltar, por el contrario, es un acto amoroso que te ayuda a seguir tu camino evolutivo iluminándole a la vez que te liberas de esa vibración energética baja y permites que fluya el Amor por tu espacio interno, permitiéndote conectarte con corrientes energéticas de mayor bienestar.

La técnica del *Breathe it out*, si bien ideal, no siempre es factible en todas las situaciones de nuestro día a día. Habrá momentos donde sea totalmente inviable realizarla. A veces mis alumnos y yo nos reímos cuando me cuentan sus peripecias y anécdotas realizando esta técnica en sitios públicos o en su espacio de trabajo. Hay empresas que lo han incorporado ya a su jornada laboral, de modo que todos los empleados disponen de unos minutos para soltar antes de comenzar a trabajar.

En esos casos en los que es inviable habla inmediatamente con tu ego y tranquilízale hasta que puedas encontrar un espacio y momento adecuado. Con cada nueva ocasión en la que tu ego no encuentre resistencia, evasión ni explosiones de Oscuridad, sino atención y firme dirección, irá menguando y debilitándose.

Los tres grandes impedimentos a la felicidad

Hay tres emociones derivadas del miedo que, si se presentan en tu vida, supondrán un obstáculo a tu felicidad: el miedo, la tristeza y otra de la que ya hemos hablado: el rencor con su otra cara que es la culpa.

Capítulo 22

Ilumina tu miedo

AL IGUAL QUE EL SER HUMANO nace ya con una culpa que le es propia, también el miedo es intrínseco en él. El Ser, como ya hemos visto, es Luz y Oscuridad, y dado que la manifestación emocional de la Oscuridad es el miedo, el Ser humano ya nace con el miedo en su interior.

Ese miedo con el que ya nacemos se ve además reforzado por el olvido de la persona.

Fíjate en esto por unos instantes. Una persona que nace y no recuerda quién es ni qué hace aquí, ¿qué puede sentir más que pánico? Se ve sobre un planeta que, a sus ojos, es inmenso y que está flotando en el medio de una gran nada oscura. Nada sostiene a este planeta para que no se caiga. Y por si esto fuera poco, resulta que este planeta sobre el que pisa gira y viaja por el espacio a un ritmo vertiginoso. Hay millones de asteroides que pasan cerca de la Tierra y en cualquier instante pueden caerse encima suyo. Y, ¿qué me dices de esa luna que se pasa el día girando sobre ella y tampoco nada la sostiene para que no caiga aplastándonos o sacando al planeta de su órbita? Esta realidad produce vértigo para la percepción y los sentidos humanos, produce auténtico terror. El humano se siente solo, encima de un planeta que flota, rodeado de millones de peligros, en medio de un inmenso espacio oscuro y frío.

El autoengaño

Lo único que sabe esa persona, desconectada de su Conocimiento, es lo que los otros humanos le enseñan, o bien lo que va experimentando con sus limitados sentidos perceptivos. En realidad, evita darse cuenta, evita pensar en ello. Si tuviese que vivir con la conciencia de que no tiene ni idea de por qué está en este planeta, ni de quién o qué es en realidad, ni de dónde viene o a dónde irá después, sería totalmente insoportable para su raciocinio.

Las personas viven sus vidas sabiendo que se están engañando para poder sobrevivir. Creyendo que no tienen ningún tipo de control sobre su experiencia. El hecho de ver al resto de las personas igual de confusas y perdidas que ellas les anima a continuar sus vidas, a seguir sobreviviendo, comportándose como los demás para, al menos, no sentirse tan solas en la Ignorancia. La mayoría de las personas en un momento dado de sus vidas se han planteado estas mismas cuestiones y han llegado a las mismas conclusiones: si los demás lo hacen, yo también.

Desconectados de nuestra Luz, de nuestro Conocimiento, elegimos copiar a los demás, imitar y hacer lo que se supone que debemos hacer. Decidimos vivir como los otros y dejar de plantearnos preguntas que, dado que con la mente no podemos entender, no nos llevan a ninguna parte.

¿Ves ahora por qué tantas personas tienen miedo a la muerte? Al final de sus vidas, afloran de nuevo todas esas preguntas que decidieron dejar de lado y olvidar, todas esas preguntas no contestadas con las que han ido sobreviviendo en este planeta con la esperanza de que algún día alguien las contestase, alguien les diese una respuesta. Pero para la mayoría ese día llega y las preguntas permanecen como inmensas incógnitas. Incógnitas que les producen pavor. Para la mayoría esas preguntas quedarán sin contestar hasta el día que abandonen sus cuerpos materiales. Para otros, como tú que estás leyendo este libro, su Ser los conducirán a encontrar antes las respuestas, a retomar el contacto consigo mismos y permitirse disfrutar.

El miedo es una constante en la vida de los seres humanos. Solo en el momento en que retomamos el contacto con nuestro Ser podemos recuperar la seguridad y la paz al sabernos uno con la Esencia misma, al sabernos a salvo, queridos y apoyados en todo momento por el Amor mismo.

El miedo a lo desconocido

El Ser humano siente miedo ante lo desconocido, especialmente ante lo que no puede ver con los sentidos humanamente aceptados.

Los limitados sentidos perceptivos de las personas están adaptados a lo que la mente humana, desconectada del Ser, puede soportar. Si el Ser humano pudiese ver y percibir la Realidad y la interpretase desde la mente, no lo podría soportar, se volvería loco o moriría de pánico. Imagínate por unos instantes que pudieses ver los diferentes planos que cohabitan en el mismo espacio que tú y que pudieras ver así cómo otros seres atraviesan tu cuerpo físico. Sin duda, el susto sería fuerte, pero si eso fuese así constantemente, ¿crees que lo podrías soportar? No, desde la mente únicamente, no podrías.

Para mí, esta es mi realidad cotidiana, multidimensional y muy variada, igual que para ti lo es la realidad más monótona y unidimensional en la que vives.

No obstante, por mucho que no puedas ver y percibir la Realidad en la que vives en su totalidad, sí sientes, porque lo conoces desde tu Ser, que hay mucho más de lo que tu mente y sentidos te cuentan. Este percibir o saber y no ver ha creado mucho miedo e incomprensión a lo largo de toda la historia de la humanidad.

El miedo a los «fantasmas»

Uno de los miedos del que más alumnos me hablan, en la intimidad de mis sesiones, es el miedo a lo que llamáis «fantasmas». Trataré de añadir algo de Luz a este caos e incomprensión en torno a los «cuerpos atómicos» de los seres que han abandonado sus cuerpos humanos, o como soléis llamarlo, que han muerto.

Nuestros seres llegan a este planeta con un determinado capital de Luz rodeado de cierta cantidad de Oscuridad, con la única finalidad de seguir evolucionando, de aumentar esa Luz disminuyendo la Oscuridad. El grado en que hayan aumentado esa Luz —su capital luminoso—, determinará su próxima experiencia como seres, determinará cómo será la continuación de su viaje.

¿Recuerdas las corrientes energéticas a las que nos enchufamos? Bien, pues a una escala mucho mayor eso mismo ocurre en todo el universo. Hay corrientes y lugares de diferente grado de luminosidad u oscuridad. Hay lugares mucho más luminosos que este denso planeta de la materia en el que vivimos en la actualidad, de la misma manera que hay otros lugares aún más oscuros. Gracias a la Belleza de la Creación misma, la mayoría de los lugares son más luminosos que la Tierra.

Una vez tu Ser deja tu cuerpo material y se dispone a continuar su camino va a disponer de su capital de Luz como carburante para viajar hacia otros lugares. La Luz que hayas generado en esta experiencia es la que va a determinar a qué lugares podrás o no desplazarte.

En muchos, por no decir, la mayoría de los casos, el humano, ignorante de su Ser y atento principalmente a su ego, no aumenta su Luz, no hace crecer su capital luminoso lo suficiente durante su experiencia terrestre.

Dado que el cuerpo atómico no dispone de bastante Luz como para poder desplazarse a un lugar más luminoso, más evolucionado y por tanto feliz, tiene dos opciones: o bien se vuelve a encarnar en un cuerpo humano y «repite curso», o bien decide que no quiere volverse a encarnar como humano y permanece en la Tierra con su cuerpo atómico, sin cuerpo material, con la finalidad de aumentar su Luz y poder continuar su camino.

Dado que una vez abandonado el cuerpo físico hijo de la materia ya no rigen los mismos principios espaciotemporales, esos seres, en su estado atómico, pueden permanecer en ese estado desde, lo que a nosotros pueden parecernos, milisegundos hasta varios siglos o milenios. Despojados de los limitantes cuerpos humanos materiales, pueden estar simultáneamente en varios sitios y desplazarse instantáneamente de un lugar a otro.

Esos cuerpos atómicos, sin cuerpo físico, son los que llamáis «fantasmas». Por supuesto nada tienen que ver con los temidos fantasmas de los que nos habla el cine, la literatura o incluso la cultura popular. Su intención no es la de hacer daño a nadie, sino todo lo contrario, es la de iluminarse para poder irse y continuar su aventura.

Siempre me ha sorprendido este miedo en el humano hacia los cuerpos atómicos de los que han abandonado la materia. En mi interacción cotidiana con ellos nunca he tenido nada que temer, sino todo lo contrario.

El cuerpo atómico de nuestros antepasados

Una de las razones por las que el Ser humano y la cultura popular teme a esos cuerpos atómicos, a esos seres que no se han marchado aún, es porque de esos, los que son nuestros antepasados, los antepasados de las personas que somos, por lo general, tienen el mismo tipo de Oscuridad que nosotros hemos estado manifestando hasta ahora, al imitar los comportamientos oscuros de nuestros progenitores. Los padres de tu cuerpo, al igual que tú, imitaron los comportamientos de los suyos y estos de los suyos y así sucesivamente. De modo que los comportamientos oscuros que tú te habías prometido no repetir en esta vida son los mismos que esos antepasados, aún presentes, han utilizado y tratan ahora de iluminar.

Desde tu ego te conectarás a la misma corriente energética que ellos, te conectarás a su Oscuridad reforzándola aún más en ti. Alimentarás esa Oscuridad que te prometiste iluminar en esta vida.

Al igual que elegiste ser un «maestro» para tus progenitores al mostrarles el ejemplo de no seguir utilizando esos comportamientos oscuros, también lo puedes ser para tus antepasados al cortar con esa corriente oscura que os une. Cambia de dirección y deja de alimentar la Oscuridad que compartís en esa «familia» humana.

¿Entiendes ahora mejor la importancia de permanecer en tu Corazón? No solo te beneficias tú al permanecer en tu Luz, sino que ayudas a que tu entorno más inmediato también se beneficie de ello. La Oscuridad iluminada, siempre disminuye.

Los antepasados, que aún permanecen en su Oscuridad, no pretenden hacerte daño, de hecho no pueden hacerte nada, pues no tienen cuerpo material, pero sí pueden influenciarte cada vez que utilizas esa Oscuridad que compartís.

En el capítulo 30, cuando hablemos en mayor profundidad de la muerte y lo que representa, te daré algunos ejemplos de mis preciosas vivencias con seres que una vez han abandonado el cuerpo material, han escogido permanecer en este planeta como cuerpos atómicos mientras aumentan su capital luminoso gracias a otras leyes que no tienen nada que ver con el humano.

Ilumina tu miedo

¿Qué crees que tiene más poder, La Luz o la Oscuridad? Por mucho que Hollywood, en ocasiones, lo ponga en entredicho, la Luz siempre es mucho más poderosa que la Oscuridad. Date cuenta de que en una habitación oscura basta con encender una diminuta cerilla para que la enorme Oscuridad desaparezca.

La Luz, tu Luz, esa que habita incondicionalmente en tu interior, es poderosa, te protege en todo momento. Desde tu Luz siempre estás protegido, nada te puede pasar.

Son dos las poderosas razones que te protegen al estar enchufado en tu Corazón.

Por un lado, mientras estás en tu Luz, estarás enchufado a una corriente energética que solo te aportará más Luz y experiencias agradables.

Por otro lado, la Oscuridad «teme» a la Luz. No la puede penetrar, por mucho que se acerque solo la puede rodear. Como la cerilla que encendida ilumina una sala entera, la Luz de tu Corazón ilumina a cualquier tipo de Oscuridad que se le acerque. Es como tener una armadura luminosa que nos protege de la Oscuridad. Llevando la armadura nada malo puede acercarse a nosotros.

¿Qué ocurriría si la Oscuridad tratase de acercarse a la Luz? Sencillamente ¡se iluminaría!, ¡desaparecería!, ¡se transformaría en Luz!

Desde la infinita y poderosa Luz de tu Corazón el miedo no tiene cabida, no tienes nada que temer.

¡Ilumina tu Oscuridad y sé feliz!

Capítulo 23
Echa a la tristeza de tu vida

La tristeza es lo contrario de la acción.

LA TRISTEZA ES UNA DE LAS MÚLTIPLES manifestaciones emocionales del miedo y por tanto una emoción intrínseca al Ser humano.

La tristeza surge de la falta de aceptación del proceso natural de la Vida. Pero ¿cómo aceptar el proceso natural de la Vida si no entendemos qué estamos haciendo aquí, ni quiénes somos ni cuál es nuestra misión? ¿Cómo aceptar el proceso de la Vida si ni siquiera nos aceptamos a nosotros mismos? ¿Cómo aceptarlo si hemos convertido a la muerte en nuestro más temido e irremediablemente esperado enemigo?

El miedo que surge del olvido provoca en las personas una necesidad de controlar las cosas, una necesidad de seguridad. Pero claro, la Vida y sus procesos no los podemos controlar con la mente, solo podemos fluir con ellos desde nuestra mejor intención con la ayuda de nuestro Conocimiento. Esta confusión crea una sensación de impotencia. ¿Y qué puede surgir de la impotencia más que una gran rabia?

Es precisamente de esa rabia, cuando no es expresada, de donde surge la tristeza.

La tristeza surge de la creencia inconsciente de que uno no puede o que no vale lo suficiente como para hacer frente a las circunstancias de la vida. La tristeza es lo contrario de la acción.

> **Recuerda:** La Luz es velocidad, es movimiento. La inmovilidad, la pasividad y la impotencia son propias de la Oscuridad.

La pérdida de un ser querido

Puedes estar preguntándote sobre la tristeza que se deriva de ciertas situaciones dolorosas de la vida como la pérdida de un ser querido.

Es perfectamente entendible, dado nuestra educación al respecto, que la partida de un ser querido te provoque una tristeza temporal, pues a esa persona con la que has compartido tantos momentos en esta vida terrestre, ya no la vas a volver a ver. El problema surge cuando la persona con el tiempo se queda ahí, en esa tristeza, en ese evento y sin darse cuenta lo utiliza para seguir llorando sobre sí misma.

A lo largo de los años me he encontrado con personas que han sufrido todo tipo de pérdidas. La forma de reaccionar de cada uno es totalmente diferente a la de los demás. Unos llegan a trabajar conmigo tras meses de depresión, hundidos, sin ver una salida. Otros llegan dispuestos a continuar sus vidas, incluso cuando la pérdida ha sido reciente y muy dolorosa.

La buena noticia es que cada uno tiene el poder de elegir cómo reaccionar a cada momento.

Recuerda las palabras de Séneca: no es el error, tu acto en la Oscuridad, el que tiene importancia, sino el tiempo que elijas pasar en él, alargando el malestar y la Oscuridad. El que sabe ya no puede hacer como que no sabe.

Es fácilmente comprensible que las personas, aún ignorantes del funcionamiento de la Vida, sufran hasta niveles indescriptibles ante la muerte de un ser querido. Y es que para la mente humana racional la muerte es un hecho inexplicable, es una especie de doloroso castigo al que todos, queramos o no, tendremos que enfrentarnos en un momento u otro de nuestras vidas. Y eso es aún más terrible y aterrador: la mente no sabe cuándo. ¡No lo puede controlar y mucho menos evitar!

Al ver morir a un ser querido, las personas recuerdan aquello en lo que prefieren no pensar en su día a día: en cualquier momento puede «morir» otro de sus seres queridos o incluso ellos mismos. Ese pensamiento les aterra.

¿Volveré algún día a encontrarme con esa persona que se ha ido o quizá este sea el final definitivo? Este doloroso pensamiento crea sufrimiento y rabia. Rabia contra la Creación misma. Crea una sensación de total injusticia. La mente, ignorante, siente terror, siente una inmensa impotencia. ¿Cómo vivir feliz sabiendo que en cualquier momento puede ocurrir «lo peor»?

La tristeza surge principalmente de esa impotencia, de esa falta de control, de esa incomprensión de la Vida y de sus maravillosos cambios y posibilidades.

La muerte no es más que la continuación de nuestro camino como seres. Es un paso más en nuestro eterno viaje evolutivo. Para el Ser humano despierto es una celebración, aunque para las mentes humanas sea una tragedia.

Una vez entendemos el proceso de *la muerte en la Vida* todo es mucho más sencillo. La impotencia y la frustración se transforman naturalmente en paz y aceptación. La rabia se transforma en alegría e ilusión. Lloramos la muerte de un ser querido con una parte de nostalgia hacia el que no volveremos a ver con ese cuerpo y con una parte de alegría por ese Ser que ha decidido continuar su camino ya libre de su pesado cuerpo material y con el que, de desearlo, nos volveremos a encontrar para compartir nuevas aventuras universales.

La tristeza como desconexión de ti mismo

Fíjate en una cosa: si estudiamos las estadísticas sobre la depresión, vemos que esta aumenta proporcionalmente con la edad. La depresión es mayor en los adolescentes que en los niños y es mayor el índice en los jóvenes que en los adolescentes, así como en los adultos que en los jóvenes y mucho mayor en los ancianos que en los adultos.

¿A qué crees que puede deberse esto? Según vamos envejeciendo, va aumentando el tiempo que llevamos en desconexión con nosotros mismos, con nuestro Ser, con nuestro propio Conocimiento. Además, va acercándose el momento de abandonar este cuerpo y desde el interior de nuestro Ser «sabemos» que no hemos hecho lo que habíamos venido a hacer, que no hemos mantenido nuestras promesas. El tiempo pasa y según aumentan las probabilidades de ir dejando este cuerpo, las personas se sienten asustadas. Tienen miedo ante lo que les espera.

Recuerdo ahora a Pilar, una mujer católica de firmes creencias religiosas. Había sido monja durante una buena parte de su vida. El día que vino a trabajar conmigo, a sus 92 años, estaba sumida en una profunda depresión. Pilar me confesó, muy avergonzada, que estaba totalmente aterrada por la idea de morir. Si bien su mente le decía que todo estaba bien, que en esta vida había cumplido con la vida de una buena cristiana y que Dios la estaba esperando para acogerla, internamente tenía una sensación de que había algo que no había hecho bien. No sabía qué, pero se sentía culpable. Aún recuerdo su cara a la hora de terminar nuestra primera sesión de trabajo juntas. Parecía una niñita de cinco años libre, feliz e ilusionada que acaba de redescubrir algo maravilloso. Bastaron tres horas para devolver la sonrisa a aquella bondadosa y humilde mujer; tres horas en las que retomó el contacto con su Ser y con la Realidad. Aún pasarían dos años antes de que Pilar dejara su cuerpo para continuar su camino, durante los cuales compartimos una bonita amistad. Me pidió que la acompañase en su lecho de muerte y allí, en un gesto de infinito cariño, me besó la mano y me entregó una preciosa carta que había escrito para mí y aún hoy conservo:

Queridísima Anne:

No hay palabras que puedan expresar lo agradecida que le estoy a Dios por haberte puesto en mi camino. El día que te conocí comencé a vivir, ese día me desperté de un inmenso letargo del que, sin tu ayuda, tan tierna y amorosa, no hubiese podido salir.

Por primera vez en mi vida, y eso se dice pronto, me siento a gusto con los años vividos, me siento en paz conmigo misma. La hora se acerca y la espero ilusionada. Siento como un cosquilleo en el estómago. Es una emoción que nunca había sentido y me hace sonreír. Ja, ja, creo que estoy enamorada. Sí cariño, estoy enamorada de la vida y de Dios. Ah, sí, ahora recuerdo un día que sentí algo parecido. Fue cuando mi padre me llevó por primera vez a ver el mar. ¡Ay, Anne, qué emoción!

Siempre te tendré en el recuerdo de, cómo tú dices, mis átomos más bonitos y luminosos.

Guardaré el recuerdo de tu luminosa mirada cuando emprenda mi camino. Te quiero precio ángel luminoso. Corre y despiértalos a todos.

En la Gloria te espero,

María del Pilar

Actúa ya

Si la tristeza es lo contrario de la acción, ¿qué mejor remedio que ponernos manos a la obra para aliviarla?

Si te sientes triste, piensa en qué situaciones de tu vida te están llevando a sentirte así. Plantéate en qué te sientes impotente, qué te gustaría que fuese distinto para lo que crees que no puedes hacer nada.

Una vez que te has dado cuenta, no pierdas ni un segundo lamentándote por tu «suerte». Ponte manos a la obra y haz algo para modificar tu situación. Pide ayuda, haz lo que necesites, pero transforma la impotencia e inactividad de la Oscuridad en Conocimiento y en soluciones.

Alison era un ama de casa de mediana edad que vivía en un pequeño pueblo de Virginia. Su vida giraba en torno a su marido y a sus dos ya emancipados hijos, Chris y Earl. Alison había venido a trabajar conmigo sintiéndose triste, impotente, frustrada y rabiosa ante la decisión de su hijo pequeño Chris de mudarse a Canadá con su novia. No tardó en reírse, ella misma, de lo absurdo de su enfado tan pronto como comprendió que ese hijo suyo, en realidad, le estaba mostrando un ejemplo de valentía lanzándose a descubrir mundo y yendo en busca de su propia felicidad. Ese era un anhelo que ella siempre había tenido, pero nunca se había atrevido a satisfacer. Alison entendió que, hasta ese momento aburrida, había tratado de vivir su vida a través de los demás y de que eso ya no le servía para llenar su día a día ni para procurarle esa alegría que tanto anhelaba sentir.

Alison era conocida en su pueblo por lo buena cocinera que era. Sus tartas de frutas eran especialmente famosas, así que decidió sacarle provecho a esa afición que tanto le gustaba y comenzó a vender sus tartas entre sus vecinos. En poco tiempo, la tienda de alimentación natural del vecindario comenzó a encargarle una decena de tartas al día. Alison se sentía viva, se sentía alegre y activa como nunca. Había recuperado la alegría, recuperando la conexión con su propia interior y desde ahí pasando a la acción.

Su empresa creció rápidamente y hoy dispone del dinero y del tiempo para visitar a su hijo y viajar, ella misma, tanto como le apetece, y créeme, le apetece a menudo.

Parte IV

Evolucionar es tu única responsabilidad

Capítulo **24**

Ser feliz es un acto altruista

Ser feliz no solo no es un acto egoísta, sino que es, de hecho, tu único deber sobe la Tierra.

EN EL INCONSCIENTE COLECTIVO circula un mensaje que nos enseña que ser feliz es egoísta, que es algo malo. Ser feliz está, sencillamente, mal visto.

Cuántas veces he escuchado a mis alumnos decirme cosas como: «¿Cómo podría ser feliz con la cantidad de gente que sufre en el mundo?» o «Ser feliz es un acto egoísta», «A través del sufrimiento alcanzaré el cielo», «Ser feliz no está bien», «Ser feliz es una utopía», o bien «Puedo permitirme sentirme feliz pero solo por instantes, después recuerdo esto o lo otro y me siento triste».

La infelicidad como castigo

Los seres humanos, por lo general, preferimos permanecer en el, desde nuestros egos, merecido castigo que nos ayude a expiar la culpa intrínseca que sentimos. De alguna manera sentimos una especie de alivio al sufrir. Incapaces de liberarnos del sentimiento de culpa que arrastramos, nos castigamos, dándonos así la impresión de estar pagando por todos nuestros errores del pasado incluso por los de los demás, tanto en esta como en otras vidas anteriores.

La sociedad, aunque sea a un nivel inconsciente, nos enseña que es malo ser felices cuando otros sufren. También nos inculcan que sufrir en esta vida es la única vía de de expiar nuestras faltas y así disfrutar de una buena experiencia cuando, abandonando tu cuerpo, pases a otro plano. Esta creencia va en contra de todas las leyes de la física, de la Realidad y de la auténtica Esencia amorosa de nuestros Padres Universales.

El reconocimiento social

Sí, socialmente, siempre ha estado mejor visto y más aplaudido las personas que se sienten mal o sufren que las que se sienten bien y disfrutan. Es cierto que el hecho de sentirte mal o de entristecerte por los demás te puede aportar el reconocimiento del grupo o de la sociedad, pero en realidad, ¿estás ayudando a que esa situación mejore o la estás alimentando y aumentando?

Elige en qué enfocarte

Dime, ¿no te parece un gran contrasentido sentirte tú mal, es decir, generar Oscuridad, porque haya otros que sufran en este planeta o lo que es lo mismo, porque haya Oscuridad en este planeta?

Volvamos por unos instantes a la metáfora de la pizarra predominantemente oscura en la que tienes el deber y el poder de escoger las tizas con las que quieres pintar. Ante esa pizarra que simboliza la Oscuridad, ¿qué ocurriría si pintases sobre ella con tizas negras? Desde luego, la pizarra no se volvería más bonita ni luminosa. Las tizas oscuras de tu sufrimiento solo añadirían más Oscuridad, más dolor al ya existente. La Oscuridad permanecería oscura, quizá incluso más oscura que antes. ¿Habrás contribuido de algún modo a que el sufrimiento disminuya? No, claro que no. Tu sufrimiento, tu tristeza, tu dolor, sea este del tipo que sea, nunca van a aportar un impacto positivo ante el sufrimiento ajeno ni el propio.

Imagínate que un amigo te cuenta que se siente fatal, que su mujer le ha confesado que tenía un amante y lo ha dejado. Te dice entre sollozos que teme no volver a encontrar nunca otra pareja y lo que es peor, teme no poder volver a confiar en nadie. ¿Te pondrías a llorar con él y decirle que efectivamente la vida es un asco y que no se puede confiar en las personas? Suena absurdo, ¿verdad? Entonces, ¿por qué el Ser humano hace precisamente eso ante el sufrimiento ajeno?

Permíteme aquí aclarar que esto no quiere decir que al escuchar o ver o sentir el dolor o el sufrimiento ajeno no sintamos nada y permanezcamos indiferentes. No, claro que no. Yo misma, como cualquier Ser humano en su Corazón, siento a veces tristeza ante el sufrimiento ajeno extremo. No obstante, inmediatamente elijo liberar esta tristeza de mi espacio. Elijo transformarla en compasión, en el coraje y la determinación que me permita resituarme en mi Corazón iluminando un poco más, a cada paso, los oscuros caminos que atravieso. El sufrimiento y la Oscuridad de este mundo me recuerdan a cada instante mi decisión y mi misión: despertar a los demás a su propia Luz.

Date cuenta de que no se trata de ser indiferente y de no importarte lo que ocurre alrededor del mundo. No, no es eso, pero si quieres hacer algo para disminuir el sufrimiento en el mundo, lo primero que puedes y debes hacer es aumentar tu Luz. Por paradójico que pueda parecerle a la, entrenada desde el ego, mente humana, lo único que puedes hacer para tener un impacto positivo en la vida de los que sufren es disfrutar y sentirte feliz, aumentando así tu Luz y la de este planeta en el que habitas.

Hace tiempo recuerdo haber leído como la madre Teresa de Calcuta, les decía a las monjas de su congregación que si no se sentían felices que no se molestasen en levantarse. Para ella el sentirse feliz primero era un deber, un necesario requisito para poder ayudar a los demás.

Recuerda: Cuando enfocamos nuestra atención en algo, en realidad lo estamos aumentando, lo estamos cocreando con nuestras mentes. Mientras sentimos dolor o tristeza nos estamos conectando a esas mismas corrientes energéticas de aquellos que sufren y así las estamos engordando y haciendo crecer.

Elevemos el nivel vibratorio del planeta

Imagínate que ha llegado ese momento que con tanto cariño espero en el que millones de personas a lo largo y ancho de este planeta eligen, voluntariamente, enfocarse en su Luz y permitirse disfrutar. ¿Te das cuenta del impacto que esto puede tener sobre el planeta entero? El nivel vibratorio del planeta se elevará y se convertirá en uno mucho más luminoso. Las corrientes energéticas que lo circulan serán predominantemente luminosas y así las probabilidades de que otras personas se conecten a ellas, mucho mayor. ¿Resultados prácticos? Al haber menos personas conectadas a las corrientes oscuras, el sufrimiento disminuye exponencialmente: menos abusos, menos maltratos, menos malestar, menos enfermedad, menos dolor, menos torturas, menos guerras, menos tiranía, menos horror, etc.

Tú también puedes aportar tu importante granito de arena iluminando tu entorno al utilizar tu Corazón y tu compasión.

Ayudar precisa de tu madurez interior

Ser feliz es tu único deber sobe la Tierra. La felicidad es la manifestación emocional de tu Luz y la creadora de tu bienestar permanente. Sentirte feliz es la mejor manera que tienes de iluminar tu Oscuridad. ¿Acaso puede haber un acto más altruista que el de aumentar la Luz en este universo oscuro?

Puedes estar preguntándote: ¿Y qué pasa con todas aquellas personas «desfavorecidas» que necesitan ayuda? Si, desde el Conocimiento de tu Ser, sientes que es parte de tu misión única, el aportar algo más, dedicar tu vida o parte de ella a mejorar la situación práctica de los más desfavorecidos, perfecto. Pero, por favor, recuerda que si bien hay países y poblaciones enteras en situaciones de extrema pobreza y necesidad, muchas veces nos olvidamos que la primera persona a la que debemos ayudar para así poder ayudar a los demás —que no asistir— somos nosotros mismos. Antes de nada, asegúrate primero de haber retomado tu poder, haber calmado a tu ego y así sanado tu sistema emocional, y entonces, y solo entonces, y desde la Luz de tu Corazón, podrás ayudar a aquellos que quieran ser ayudados.

Por tratar de ofrecerte una imagen que ilustre este sinsentido, es como un niño pequeño que trata de llevar a alguien desvalido y enfermo en brazos antes de haber crecido él mismo.

Ayudar no es asistir

En este planeta de la confusión muchas veces confundimos *ayudar* con *asistir*. Lamentablemente, la mayor parte de las ocasiones las personas asisten a los más «desfavorecidos» en lugar de ayudarles a que, de elegirlo ellos mismos, puedan salir de la situación en la que se encuentran.

Recuerda que en este universo en el que vivimos nada es casual, el hecho de que un Ser elija vivir determinadas situaciones no es aleatorio. Únicamente ese Ser puede entender sus razones para pasar por esa experiencia, por muy dura, injusta y dolorosa que pueda parecer a los ojos exteriores. Es por ello de radical importancia que siempre ofrezcamos ayuda y no la impongamos. Permitamos que las personas elijan si quieren o no salir de esa situación en la que viven y a qué ritmo y de qué manera. Ofrezcámosles las herramientas que les permitan, no solo salir, sino también aprender a salir por sí mismos, y no volver a verse nunca más en una situación similar.

Y recuerda, a veces no necesitas desplazarte miles de kilómetros o no necesitas esperar a hacerlo, para encontrarte con alguien que quiera y busque tu ayuda. Mira a tu alrededor y estate atento. Ya, comportándote desde tu Luz, estarás ayudando, sin buscarlo, a todas las personas con las que interacciones en tu día a día.

Solo como anécdota, en el momento en que comiences a estar más tiempo en tu Corazón que en tu ego, verás cómo los animales te buscarán, e incluso los bebés te mirarán y sonreirán. Ellos sí verán fácilmente esa nueva Luz que emanarás.

Mis amigos y personas cercanas siempre cuentan las muchas anécdotas de mi relación con los animales y cuando los bebés o niños pequeños tratan de decirme algo, se ríen al verme o me da la mano de repente en medio de la calle. Si bien entiendo que pueda ser sorprendente o curioso para los que no percibís como yo, para mí son actos naturales de comunicación entre seres que se reconocen en la Luz. Una de las anécdotas que más recuerdan dos de mis amigos que me acompañaron en un viaje es la del día que una inmensa elefanta en la India se acercó a mí para abrazarme con su enorme trompa. Este bello animal permaneció así, comunicándose conmigo durante treinta preciosos minutos en los que su cornaca trataba por todos los medios, a pesar mío, de hacerla avanzar pinchándola con su largo palo. Aquel bello animal me transmitió tanta ternura, tanto cariño.

A veces me entristece, aunque no me permito quedarme en el sentimiento más de unos minutos, el darme cuenta de que solo somos unos pocos los que todavía podemos percibir la increíble Belleza que también existe en este mundo. Los animales, los bebés y los que están a punto de morir, al tener las mentes mucho menos presentes, son más sensibles al Amor y a su energía, a la luz y los colores que nos rodean constantemente, eso que algunos llamáis aura.

Este universo oscuro quiere que le ilumines

¿Has pensado alguna vez en la cantidad de seres que llegan y se van de este planeta constantemente? Según las estadísticas, cada día, casi trescientos sesenta mil seres se encarnan en este planeta y ciento cincuenta y cinco mil dejan sus cuerpos.

¿Cuál crees que es la razón de estas continuas oleadas de seres que llegan y se van del planeta? ¿Qué razón puede existir tras esta inexplicable e imperceptible, desde la mente, realidad cotidiana? La respuesta solo te la puedo ofrecer desde el Conocimiento que al igual que en ti habita en mí: para aumentar la Luz. La Oscuridad que habita en nosotros y es parte nuestra busca ser iluminada, como ya sabes quiere que la transformemos. Este universo en el que vivimos quiere que le iluminemos.

Por el principio de la evolución, todo, absolutamente todo lo que existe en este universo busca ser iluminado. Entonces, ¿hay alguna razón para que vayamos en contra de ese principio evolutivo?, ¿para que vayamos en contra de los deseos de nuestros Padres para satisfacer a nuestros egos y los de los que marcan las normas humanas? Tu única responsabilidad es despertar y sentirte feliz.

Es de suma importancia que tú también despiertes y retomes tu felicidad, y las razones para ello son múltiples:

- Tu Ser evoluciona cumpliendo así sus promesas.
- Aumentas el capital luminoso que te permitirá desplazarte a lugares más luminosos y felices una vez abandones tu cuerpo humano.
- Tu vida actual en este planeta se transforma en una experiencia más agradable de alegría, bienestar y abundancia.
- Sirves de ejemplo a otros para que se enfoquen en su Luz.

• Sirves de ejemplo a tus progenitores.

• Ayudas a aliviar la cadena Oscura que te une a tus antepasados.

• Contribuyes a aumentar la Luz del planeta y del universo mismo.

Cumple con las promesas que te hiciste antes de nacer: camina con tu Corazón dispuesto a amar a lo largo de tu camino, vayas donde vayas y hagas lo que hagas.

Quizá ahora estés preguntándote: ¿qué puedo hacer para despertarme a mi felicidad en este planeta? Como vamos a ir explorando a continuación, para sentirte feliz necesitas: reconocerte a ti mismo, evolucionar compartiendo tu Corazón al relacionarte con otras personas, involucrarte en una profesión que te ilusione y reporte abundantes beneficios, recuperar las enseñanzas de tu Conocimiento, proporcionarle a tu cuerpo los cuidados adecuados y cuidar del planeta en el que vives como te prometiste hacerlo. ¿Me acompañas?

Capítulo **25**

Las relaciones como motor de evolución

Cada momento de nuestras vidas nos ofrece la posibilidad de posicionarnos en la creciente Luz de nuestro Corazón despierto, o en la incesante y oscura voz de tu ego. ¡Tú puedes elegir!

LAS RELACIONES HUMANAS nos ofrecen el escenario perfecto para nuestra evolución. Si tu único deber, como Ser humano, consiste en iluminar tu Oscuridad y para lograrlo necesitas sentir emociones de diferentes niveles vibratorios, las relaciones humanas son las que te van a ofrecer ese marco donde poder experimentarlas.

Date cuenta de que si, como seres, no necesitásemos relacionarnos con otros para poder evolucionar no estaríamos en un planeta donde conviven más de siete billones de personas. Sencillamente, estaríamos solos. Pero no es así ¿verdad? Estamos hechos para interaccionar con otros seres y crecer al hacerlo.

Es en las relaciones con los demás en las que vamos a poder experimentar todo el abanico de emociones posibles. Son precisamente esas emociones las que nos permitirán evolucionar. Cuando la emoción sea oscura, se nos presenta la oportunidad de crecer, de iluminarla al tranquilizar a nuestro ego. Cuando la emoción que sintamos sea luminosa, ya estaremos, de por sí, aumentando nuestra Luz.

¿Quién crees que tiene más posibilidades de sentir emociones y así evolucionar, tú o una persona que vive en su casa, aislada, sin contacto con el mundo? Sí, es cierto que por mucho que una persona trate de aislarse, seguirá sintiendo emociones, pero el rango de estas será mucho más reducido.

Fíjate en la variedad de interacciones posibles que nos ofrece esta vida. En un mismo día y en un mismo sitio puedes encontrarte con seres que acaban de llegar y otros que están a punto de partir, con ricos, con pobres, con personas sanas, con personas enfermas, con fanáticos, con personas abiertas y tolerantes, con mendigos, con empresarios de éxito, con niños, con adultos, con celebridades...

Posiciónate en tu Luz al ritmo de tus interacciones

La vida nos ofrece diferentes niveles de bienestar o de malestar, con la única finalidad de que nos posicionemos al enfrentarnos a ellos. Las relaciones humanas, cada encuentro con otro Ser humano, nos ayuda a identificarnos con la Luz o con la Oscuridad y al hacerlo posicionarnos en una de las dos.

¿Verdad que no sientes lo mismo cuando caminas por una calle de un barrio lujoso que cuando lo haces por uno pobre y poco seguro, o cuando lo haces por un barrio donde habitan principalmente empresarios y directivos que cuando lo haces por uno de obreros? No, las reacciones emocionales y las sensaciones no son las mismas.

Pero, ¿cuál es, en realidad, la finalidad de todas estas opciones? Al entrar en contacto diario con estos diferentes estratos y realidades que coexisten en nuestro mundo nos vemos obligados a posicionarnos. Habrá cosas con las que te identifiques y cosas con las que no. Habrá personas que se sientan mucho más «a gusto» en un barrio humilde que en uno rico y lujoso, otras por el contrario necesitarán un barrio de clase media para sentirse como peces en el agua. Posicionarnos a favor de nuestra evolución implica que elijamos la Luz y el bienestar.

Tu relación con el dinero

Permíteme hacer un paréntesis aquí para aclarar que la riqueza no es necesariamente un equivalente de felicidad. Si bien la abundancia material es muy importante en un planeta, ya de por sí material, no quiere decir que cualquier barrio rico sea más luminoso que uno humilde, o que una persona con una cuenta bancaria bien llena sea automáticamente una persona más luminosa que otra con una cuenta en números rojos. No obstante, las personas que se permiten disfrutar de abundancia y comodidad en sus vidas, ya han entendido, al contrario de los otros, que en este planeta de la materia hemos venido a disfrutar también de bienestar material.

En un planeta de la materia el dinero es importante para lograr el bienestar y por tanto para manifestar la felicidad. Como seres hemos nacido en este planeta para experimentarnos en el gozo y el disfrute desde la bondad del Corazón. Y dime ¿cómo disfrutas más: en un pequeño estudio interior y sombrío o en una preciosa y luminosa casa de campo rodeado de naturaleza y aire puro? ¿Prefieres conducir un pequeño coche antiguo que consuma mucho y contamine más, o conducir un cómodo coche nuevo con bajas emisiones de CO_2 y que os proteja a ti y a tu familia de posibles peligros en la carretera? ¿Prefieres disfrutar de todos los alimentos sanos, naturales y sabrosos que mantienen tu salud y tu vitalidad que ya nos ofrecen las tiendas de alimentación natural, o tener que consumir los productos convencionales llenos de grasas saturadas, pesticidas, trigo, transgénicos y azúcar blanco? Creo que la respuesta es evidente. ¿Y tú qué respondes?

Posiciónate en tu Luz

Sigamos explorando las posibilidades que nos ofrecen los encuentros con los otros para evolucionar. Imagínate que estás caminando por la calle, fíjate en cuáles serían tus emociones al encontrarte con: un niño enfermo en silla de ruedas, un adolescente sano, una pobre anciana, sola y desorientada, un travestí, un soldado uniformado, un mendigo, un ladronzuelo, una atractiva mujer de negocios, un joven mutilado, una monja, un drogadicto, una adolescente vestida para provocar, una mujer empujando una sillita con un bebé, un hombre con la mirada triste y perdida o un grupo de amigos que se ríen. Las reacciones emocionales que tú, como cualquiera, manifestarás al enfrentarte a todo este abanico de personas serán, sin duda, muy diferentes y variadas. De la misma manera tu reacción emocional ante todas estas situaciones y personas, será totalmente distinta de lo que lo pueda ser la mía o la de otra persona.

Pongamos, por ejemplo, que ves a un niño enfermo en una silla de ruedas en la calle. *Et voilá*, la posibilidad se te ha presentado. Ahora, tú eliges: puedes caer en escuchar a tu ego y así sentir lástima por él y pasarte un buen rato pensando en lo pobrecito que es y en lo mucho que deben sufrir sus padres, en lo horrible que sería si le pasase eso a alguno de los tuyos y darle interminables vueltas a estos pensamientos y al malestar, a la tristeza e impotencia que nos provoca; o bien puedes elegir, desde la grandeza de tu propio Corazón, entender que ese cuerpo que vemos como un niño, es en realidad un Ser que tiene miles de años de existencia; entender que las razones por las que, como Ser, ha elegido pasar por esa experiencia se escapan a nuestro entendimiento; y desde esta lucidez continuar tranquilamente nuestro camino con la ilusión creciente de seguir aumentando nuestra Luz en el cotidiano iluminando así un poquito más, y a cada instante, este universo en el que también ese niño, ese Ser, habita.

Date cuenta de cómo puedes posicionarte a cada momento. La elección es siempre tuya y solo tuya.

Los amigos son tu familia del Corazón

Toma consciencia, por unos instantes, de esa incesante oleada de seres que están llegando y partiendo de este nuestro amado planeta Tierra, justo ahora, en este mismo instante en el que estás leyendo esta frase. Todos los seres que habitamos este universo estamos interconectados, estamos unidos por una inmensa red de conexiones luminosas. El Ser humano es social por naturaleza, está hecho para compartir, para amar y sentirse amado, para dar y para recibir, para sentirse útil y a la vez permitir que otros lo sean también.

No explotar al máximo las posibilidades de estas interacciones sería un auténtico contrasentido.

Los amigos que escojas para compartir tus años en esta experiencia terrenal, es lo que yo llamo tu familia del Corazón. Tus progenitores y hermanos son la familia de origen que tu Ser escogió para recordarte qué no hacer y aprender a compartir amor. Tus amigos son la familia del Corazón, la familia que una vez posicionado en tu Luz has escogido para acompañarte en tu camino por este planeta.

Pocas son las personas que llegan a disfrutar de auténticas relaciones de amistad, relaciones de amistad basadas en el amor, en disfrutar juntos y en superar unidos los obstáculos a los que nos enfrentamos en la vida. Amigos que porque, primero se quieren, perdonan y respetan a sí mismos, son capaces de compartir su amor, cariño y respeto contigo también.

La pareja como motor de evolución

Después de la relación con los progenitores, la relación de pareja es la que nos va a ofrecer el ambiente perfecto para experimentar las emociones más profundas, intensas y en la mayoría de las ocasiones, las más dolorosas.

Para el ego es como un interesante campo de juegos donde sacar todo su armamento oscuro exponiéndonos a todas nuestras carencias, dolores y traumas vividos en nuestra infancia y juventud. La relación con un ser amado representa el escenario perfecto para revivir todos las emociones dolorosas de nuestra infancia.

El auténtico amor de pareja, es decir, el que tiene lugar entre dos seres que se encuentran y comparten su Amor, independientemente de los cuerpos que hayan elegido utilizar para esta experiencia terrestre, es muy raro en este planeta.

En la Tierra, por lo general, las personas que se juntan para formar una pareja y llevar una vida en común, son atraídas por aspectos de la persona del otro y no tanto del Ser. Este es el principal motivo de que haya tantos fracasos sentimentales, tantas parejas rotas y tantas personas heridas y vulnerables. Nos juntamos por aspectos volubles, cambiantes y efímeros que tarde o temprano desaparecerán.

Si bien no frecuente, la pareja entre dos seres que se encuentran, se reconocen y continúan su eterno viaje evolutivo por este y otros mundos juntos, es posible también aquí, en el planeta Tierra. Cuando así sucede es el más precioso regalo que podemos aceptar de nuestras Vidas: compartir tu Amor, tu Vida (tu Eternidad) con otro Ser que, como tú, elige seguir evolucionando.

Por lo general, las relaciones de pareja, no es un tema que yo aborde en mis sesiones individuales. El trabajo de despertar a uno mismo y a su propia felicidad es un trabajo individual, de uno consigo mismo, y desde ahí, y solo desde ahí, podrá una persona encontrase con otra y Amar con mayúsculas. ¿Podemos amar a alguien si no nos amamos primero a nosotros mismos, si arrastramos la culpa, el miedo, la tristeza, el rencor y el castigo? Si no nos hemos responsabilizado ya de nuestra propia felicidad, trataremos de exigir a nuestro compañero que nos haga feliz llevándonos sin duda a una decepción, a la frustración y la impotencia.

La pareja, como socialmente es entendida, es un tema muy delicado y muy susceptible de malentendidos y polémicas. No es infrecuente encontrarnos con personas o sociedades que están en contra de una u otra forma de vivir la relación de pareja: parejas del mismo sexo, parejas con grandes diferencias de edad o económicas, parejas interraciales, parejas con diferentes creencias religiosas, etc. Pero, en realidad por qué habría de importarnos lo que los otros hacen o dejan de hacer con sus vidas y con sus cuerpos. Como seres que somos, hemos venido a seguir evolucionando al iluminar nuestra Oscuridad, no la de los demás. Si nuestra misión en esta vida hubiese sido la de iluminar la Oscuridad de los otros, nos hubiesen dotado, sin duda, del poder de pensar por ellos en sus mentes o de elegir por ellos desde su Yo, pero no es así.

Tenemos bastante con nuestro propio trabajo interior como para estar ocupándonos de lo que hacen los demás. Cada vez que estamos tratando de cambiar el comportamiento de los demás estamos abandonándonos a nosotros mismos. Estamos dándole la espalda a la Luz en nosotros, estamos dándole la espalda a la Esencia Divina, a nuestros Padres: a nuestra evolución.

La mayoría de estos preconceptos y «juicios» sobre cómo se deben y no deben hacer las cosas los has aprendido de alguien. Los has copiado. No son tuyos. Desde luego no pertenecen a tu Luz, sino a tu Oscuridad, de hecho a la más oscura.

Dios, la Esencia creadora, lo único que quiere es que manifestemos Amor, que expandamos Luz. ¿Quién está expandiendo más Luz, dos personas que se aman o una persona que las juzga o las critica? ¿Qué es lo que la Esencia espera de ti: Amor y ternura o críticas y juicios?

Cada vez que enfocas tu atención y te obsesionas en algo que no te gusta o no te parece bien, estás dándole la espalda a tu poder y avanzando a oscuras por las sendas del juicio marcados por tu revoltoso e intolerante ego. Ya en el instante mismo en que criticas, estás conectándote con una corriente oscura de intolerancia, juicios, críticas y malestar que solo podrá traerte más de lo mismo a tu vida. Sin duda, si priorizas el juicio y la crítica sobre la compasión y la comprensión, en un momento dado, serás tú el que sea juzgado por los otros, serás tú el que sea víctima de una injusticia o sea señalado con el dedo por muy injusto que te parezca. ¿Efecto boomerang?

En realidad, ¿a quién beneficia que tú intentes decidir sobre la vida de los demás? A los que criticas les molesta, a ti te hace sentir mal, a los que están a tu alrededor les das un ejemplo que probablemente imitarán, entonces ¿tiene algún sentido?

Recuerda: La compasión y la empatía han de ser tus aliadas cotidianas en cualquier relación que decidas emprender.

¡Atrévete a relacionarte desde el Amor y recuerda: en tu pecho late un Corazón!

Capítulo 26

El trabajo al servicio de tu felicidad

COMO SABEMOS, el Ser que decide encarnarse en un cuerpo humano, lo hace con el firme propósito de seguir evolucionando, también a lo largo de esta experiencia terrestre. Pero, ¿Podemos realmente estar atentos a nuestro Ser y a nuestro Corazón cuando pasamos largas horas utilizando exclusivamente nuestras mentes para trabajar? ¿Cómo evolucionar cuando abandonamos nuestro poder ante la siempre demandante de atención, mente humana?

Según las últimas estadísticas, el 80 por ciento de los estadounidenses se siente insatisfecho con su trabajo. ¡Cómo no!

El Ser humano está hecho para pasar una gran parte de su jornada al servicio de su Ser, escuchando la voz de su Conocimiento, creando su experiencia y así disfrutando de su propio camino. Pero la realidad, al menos para la mayoría, es bien distinta. Entre el trabajo y el resto de las obligaciones de un adulto medio queda muy poco tiempo, si es que queda alguno, para estar consigo mismo, en la paz de su propia interioridad.

La paradoja es que, en muchas ocasiones, de todas esas horas que las personas pasan en el trabajo, solo una pequeña porción son realmente productivas, realmente necesarias y eficaces.

La buena noticia es que existe una vía alternativa. Las personas, centradas en su Corazón, conectados con el Conocimiento que reside en su Ser, ven con claridad qué hacer, ver o saber a cada momento. De esa manera son mucho más eficaces y eficientes y pueden acortar la longitud de la, de otro modo, interminable jornada laboral.

Sí, es cierto que, *a priori*, este panorama pudiera parecer una utopía, pero, dime ¿qué ocurriría si las empresas dedicasen una parte de su jornada a enseñar a sus trabajadores a estar centrados, en conexión consigo mismos o al menos favorecieran esos momentos? Rápidamente verían los beneficios de la empresa y la eficacia y la satisfacción se incrementarían mientras la jornada de trabajo se vería acortada varias horas al día. El absentismo laboral se reduciría a mínimos y la lealtad hacia la empresa subiría exponencialmente.

Las tres finalidades del trabajo

Como seres llegamos a este planeta con el propósito de dedicar un tiempo limitado de nuestra jornada a trabajar y de hacerlo, exclusivamente, con tres propósitos o finalidades: cocrear desde la Luz, aportar algo a la sociedad y ganar abundante dinero haciéndolo.

Cocrear desde la Luz

El Ser llega con el firme propósito de manifestar su creatividad a través del trabajo que desempeñe una vez encarnado. Viene a cocrear cotidianamente desde su Luz.

El trabajo en el que se va a ver involucrada la persona en la que se convierte ese Ser ha de ser simplemente una extensión de su tarea evolutiva, otro aspecto más para permitirle seguir su evolución, para seguir aumentando su Luz. ¿Cómo evolucionará más, creando desde su felicidad y bienestar o trabajando desde la mente ignorante de su pasajero interior?

Un arquitecto que crea una hermosa casa o edificio desde su pasión y alegría estará evolucionando. Pero, ¿desde dónde lo hará el arquitecto que diseña un edificio militar o una central nuclear?

> **Recuerda:** Los seres humanos tenemos el poder inherente de crear nuestra propia experiencia en este y en otros mundos. Y tú ¿cómo quieres que sea esa realidad que estás creando y recreando?

Aportar algo a la sociedad

Trata de imaginarte por un momento una sociedad construida desde la esencia amorosa y su mente eficiente en lugar de desde una mente enfocada en el ignorante ego humano.

Sí, cada uno de nosotros aportaría algo a la sociedad en la que vive y recibiría a cambio todo lo que necesitase para llevar una vida cómoda y feliz. Cada uno aportaría ese algo que decidió compartir al elegir su misión. Dedicaríamos unas pocas horas de nuestros días a realizar los «trabajos» necesarios para que las cosas funcionasen y el resto del tiempo lo dedicaríamos a disfrutar de algún arte, de la compañía de seres queridos y de nuestra propia compañía e interioridad. Las personas no tendrían ni que sobrevivir, ni luchar para lograrlo, no tendrían que pasar la mayor parte de sus vidas trabajando con la única finalidad de poder pagar la hipoteca de sus casas o de sus coches o el colegio de sus hijos o las múltiples facturas que les llegan cada mes. Nadie viviría con el miedo de perder su trabajo ni su seguro médico, pues cada uno de nosotros tendría sus tareas definidas, y las haría con gusto y alegría. Sería una sociedad en la que cada uno aportaría algo y todos recibiríamos algo de los demás. Las personas se sentirían felices y tranquilas. Dedicarían sus vidas a disfrutar, expandiendo nuestro poder luminoso y la Luz en este universo al hacerlo. ¿Recuerdas? Ese en nuestro único deber.

¿Puedes imaginarte que la sociedad entera funcionase así? Sí, ya sé que las cosas son muy distintas en estos momentos, y que la manera en la que está construido este mundo no es fácilmente compatible con esta realidad del Ser. Pero siempre podemos hacer la elección individual de vivir, nosotros mismos esta realidad al escoger un trabajo que nos permita utilizar nuestra creatividad innata y que nos permita aportar algo a la sociedad.

Ganar mucho dinero haciéndolo

Ya desde niños, en nuestras primeras interacciones con los adultos a nuestro alrededor, extraemos el mensaje de que ganar dinero es difícil, o de que hemos de trabajar muy duro y muchas horas para poder ganar lo suficiente como para disfrutar de las cosas que en realidad son básicas: una casa, un coche seguro, comida sana, un seguro médico, ropa, educación, etc.

La mayoría de las personas tienen presentes estos mensajes, al menos de manera inconsciente, a lo largo de toda su vida. Pero, ¿de dónde crees que provienen estos mensajes: del Corazón despierto o del ego?

Hemos venido a convertir esta experiencia humana en una experiencia agradable, de bienestar, disfrute y alegría, y para ello, tal y como está concebida la sociedad, es necesario ganar dinero y mucho.

Ahora que tienes más presentes las tres finalidades del trabajo, ¿no te parece que la realidad laboral, al menos de la mayoría, es bien distinta?

El dinero: tu poder de acción

Si le preguntas a cualquier persona si quiere tener mucho dinero, todas, salvo rarísimas excepciones, te dirán que sí, que quieren tener mucho dinero. Pero al igual que ocurría con la felicidad, si bien todos la quieren, pocos creen «merecerlo», pocos se permiten disfrutarlo. Es común para la mayoría de personas creer que tener mucho dinero no es para ellos, que está reservado para unos pocos tocados por la «fortuna», o bien que es algo malo o egoísta, o que solo podrán disfrutar de una seguridad y comodidad económica después de muchos años de duro trabajo y esfuerzo y haciendo muchos sacrificios personales.

Las cosas podrían ser muy distintas al entender, ya desde el inicio de nuestras vidas, que este mundo de la materia está más que dispuesto a ofrecernos toda la abundancia de bienes materiales de la que queramos disfrutar. El planeta Tierra es un planeta de la materia, de las cosas materiales, de los objetos y del dinero.

En contadas ocasiones algún alumno, en el momento en que tocamos el tema del dinero, me habla de su firme creencia de que este no es importante para la felicidad. Como sabemos, felices ya lo somos por naturaleza; no obstante, para materializar esta felicidad en el día a día, el dinero es nuestro gran aliado.

Este es un planeta de la materia y, por tanto, hemos de jugar con sus propias reglas.

Seguro que habrás escuchado frases del tipo: «El dinero no puede comprar la felicidad». Por supuesto, nada puede comprar que nos sintamos felices. Pero para sentirte feliz en este mundo de la materia sí vas a necesitar una serie de cosas materiales y esas cosas materiales, por lo general, solo pueden comprarse con dinero. Tanto para ir a tomar un café con unos amigos como para invitarles a casa, como para comer sano y natural, para vivir sanamente y cómodamente. Todo es cuestión de dinero.

Cuando hablo de bienestar material y abundancia económica no me refiero a poseer una inmensa mansión de lujo, aunque si a ti te hace feliz poseerla, ¿por qué no? Lo importante es que tengas el suficiente dinero como para disfrutar viviendo en la casa ideal para ti, comiendo alimentos sanos y naturales, ofreciendo a tus hijos —de tenerlos—, una buena educación, conduciendo un coche seguro y bonito, pudiendo viajar cuando te apetezca a hermosos lugares de este planeta; en resumen, que puedas disfrutar de todo lo bueno que te ofrece este planeta y la Vida misma.

Bien, entonces si el dinero es un aliado en nuestra felicidad y un compañero necesario y deseado en nuestras vidas, ¿por qué la mayoría de las personas no disfrutan de todo ese dinero que quieren y necesitan? Sencillamente porque no han entendido las reglas del juego. No han entendido que el dinero es en realidad nuestro amigo.

Las personas, condicionadas por los mensajes negativos que han grabado respecto al dinero, terminan viéndolo como un ente a temer. De alguna manera lo rechazan de sus vidas y así la corriente energética del dinero simplemente se desvía y no llega a ellos más que en la porción en que están dispuestos a aceptarlo.

En mis cursos suelo ofrecer una metáfora que resulta muy útil a quien la tiene presente: Imagínate al dinero como a un amigo, imagínate que cada vez que ese fiel amigo viene a verte, tú solo le cuentas tus problemas, le hablas de tus carencias, de tu frustración, te quejas y además, al final de la visita, le reprochas que él es el culpable de todo tu malestar, porque no viene a verte lo suficiente. La próxima vez que este amigo quiera visitarte, lo más probable es que se lo piense dos veces y decida visitar a otra persona más amable, que se alegre más al verlo, otra persona más agradecida, que lo busca de verdad por quien es y por lo que es.

Para hacer las paces con este gran amigo que es don dinero, haz las paces primero contigo y con tu ego.

Capítulo 27
Educación para la felicidad

LA EDUCACIÓN CONVENCIONAL educa a los niños para que puedan pasar a formar parte del competitivo mercado laboral, para que puedan formar parte de la masa trabajadora. Educa sus mentes, las moldea para que conviertan en nuevas marionetas de la sociedad y del mercado laboral. Es una educación que, por lo general, fomenta el pensar sobre el sentir, el saber sobre el Conocer, la mente sobre el cuerpo y la memorización sobre la creatividad.

¿Dónde crees que tiene su origen este tipo de educación: en la Luz o en la Oscuridad?

Fíjate en una cosa: ¿cuántas cosas recuerdas de todos los años que pasaste estudiando en el colegio? Quizá recuerdes una décima parte, tal vez, si eres de los que más información has retenido, llegues a recordar un cuarto ¿No te parece que todos esos conocimientos que adquirimos durante todos esos años que pasamos sentados, siendo domesticados, podrían haberse aprendido en menos de un cuarto del tiempo?

Los progenitores al cargo de esos pequeños, obligados por el sistema ellos mismos a trabajar largas horas, necesitan dejar a sus hijos en algún lugar donde les eduquen y pasen el día junto a otros niños de su edad. Aquí estamos tocando la otra gran excusa para que los niños pasen largas horas en las aulas: la socialización. Todos hemos escuchado y sabemos que los niños necesitan relacionarse para madurar y para su adecuado desarrollo. Pero, ¿acaso no es en la clase y en las aulas donde menos se fomenta las relaciones? ¿Acaso no es en el aula donde el niño aprende a sentirse solo en medio de la multitud? Por muy rodeado que esté de otros alumnos, el niño, de cara a la explicación y al profesor, está solo. Todos interiormente percibimos que existe algo más, que el Conocimiento en nuestro Corazón espera nuestra atención. Al ir al colegio y ver que allí nadie habla de ello, cada uno se siente aún más solo entre todos los demás, distinto, sin percatarse de que en realidad todos sienten lo mismo que él. De alguna manera ya el niño se siente abandonado en este planeta por alguna «fuerza superior» que no llega a entender. Esto demuestra la total falta de comunicación que hay entre los niños escolarizados. Si hablasen entre ellos, desde la autenticidad y la inocencia, y no como marionetas que imitan lo que otros les proponen, llegarían a recordar su olvidado Corazón, se darían cuenta de que no están solos en su desolación.

Los niños aprenden desde muy pequeños a darle prioridad a la mente, a olvidarse de las emociones y de las verdaderas necesidades físicas de sus cuerpos. El cuerpo humano está hecho para estar principalmente en movimiento. Sin embargo, los pequeños y no tan pequeños pasan largas horas sentados en la misma postura en las, muy a menudo incómodas, sillas que les ofrece la educación en las escuelas convencionales.

Sí, es cierto que la sociedad necesita dar un gran giro, cambiar de dirección para volver a la Esencia de lo que vino a ser, pero mientras tanto podemos iniciar cambios que al menos enseñen a los futuros adultos nuevas formas de vivir.

La educación para la felicidad

¿Cómo crees que sería la educación de los pequeños si primasen los valores del Ser en lugar de los de la mente-ego? Realmente ¿son necesarias todas las materias del currículum de los más pequeños?

¿Cuántas cosas de las que aprendemos durante los muchos años que pasamos bajo el sistema educativo nos van a ser útiles en nuestro día a día? ¿Cuántas de esas cosas de las que aprendemos nos van a ayudar a sentirnos felices y a triunfar?

¿Cuántas raíces cuadradas utilizas en tu día a día? Yo de momento no he tenido que hacer nunca una raíz cuadrada al ir a la compra. A no ser que las necesites para tu profesión, ¿de qué sirve aprender, forzosamente, algo que no es útil más que para domesticar la mente y valorarla por encima de las emociones? ¿En cuántas ocasiones te ha sido útil saberte de memoria la lista de los reyes que reinaron en Europa en la antigüedad?

No estoy diciendo que la cultura general no sea útil ni necesaria, al contrario, es importante conocer el mundo en el que vivimos como resultado de las elecciones de nuestros antepasados, pero sí digo que hay otras formas de trasmitirla, sin pasar por la memorización descontextualizada y aburrida de largos textos.

Cuán distintos serían los resultados escolares si en lugar de que los alumnos estén sentados tratando de mantener su atención fija en explicaciones en el aula y después en sus libros al llegar a sus casas, los invitásemos a utilizar sus cuerpos y sus emociones, su sensibilidad en el aprendizaje, les ofreciésemos, por ejemplo, la historia como lo que es: una interesante visión del que la cuenta y que nos permita entender mejor el tiempo presente.

Imagínate que en lugar de haber pasado todos esos años sentados en frías aulas estudiando y «aprendiendo» nos hubiesen contado lo mismo, pero al tiempo que paseábamos con el profesor por la naturaleza, o al tiempo que hacíamos un pan con nuestras manos, o sentados en el suelo bajo unos árboles o visitando a empresarios de éxito para que nos contasen cómo lo habían conseguido y cómo funciona la realidad profesional y económica en este planeta ¿Verdad que hubiese resultado mucho más interesante? La belleza y la intensidad de esos momentos de convivialidad y relación te hubieran ayudado a recordar todo aquello que el profesor te trasmitía y hacerlo tuyo. Sin necesidad de sufrir los tan controvertidos exámenes a los que nos somete la educación tradicional con la finalidad de podernos clasificar con un número en lo capaces que vamos a ser o dejar de ser para tener «éxito» profesional y ser buenos trabajadores. No solo los resultados «intelectuales» hubiesen sido muy superiores sino que además, las oportunidades de entablar relaciones con otros alumnos y con el profesor mismo se hubiesen visto muy incrementadas. Hubiese existido un espacio para nuestra propia individualidad e identidad, un acercamiento suficiente al profesor como para poder plantearle nuestras inquietudes sobre cualquier tema, aprendiendo así sobre la vida al tiempo que sobre las relaciones humanas y las, tan olvidadas y en realidad base de toda experiencia, emociones.

El currículo de la educación para la felicidad y el éxito

La finalidad a la hora de educar a nuestros hijos y de llevarles a la escuela es que al hacerse adultos puedan sentirse felices y disfrutar de la vida. Si los padres quieren que estudien y que lo hagan en las mejores escuelas es para que en el día de mañana tengan la oportunidad de triunfar en su profesión y ganarse bien la vida.

Si le preguntases a las personas que traen hijos a este mundo, qué es lo que desean para ellos, todos invariablemente te dirían, si no todas, sí al menos una de estas tres cosas: que sean felices, que estén sanos y que disfruten de éxito, es decir, de dinero.

Si la finalidad de la educación es la de crear adultos felices, con éxito y sanos, ¿cómo crees que debería ser el curriculum escolar que lograse este fin? Quizá podría ser algo así:

Materia 1: Enseñarles a reconocerse como seres humanos y conocer el planeta sin olvidarse del universo en el que habitan. Enseñarles a respetar la Realidad en la que viven y a manejarse en la sociedad a la que pertenecen.

Materia 2: Recordarles la importancia de centrarse en su interioridad e iniciarles a escuchar la voz de su propio Conocimiento. En una sociedad donde solo se le da importancia a lo exterior en detrimento de la propia interioridad, es fundamental enseñar a los más jóvenes la importancia de prestar atención a su interior, de estar en conexión con su propio «ordenador» —la mente— y su poder de acción central, su Corazón.

Esta materia adquiere toda su importancia en una era en la que hemos sustituido el disfrutar jugando con los amigos en la calle por el jugar con un ordenador o teléfono móvil, en la que hemos sustituido el Conocimiento que reside en nuestro interior por las respuestas que encontramos en un navegador web.

Materia 3: Enseñarles a descubrir el poder de las emociones para crear sus experiencias. Enseñarles a lidiar con ellas y a soltar las indeseadas. Enseñarles a conocer a su ego, a retomar su poder (Corazón) sobre él y a tranquilizarle hasta que su voz deje de suponer un obstáculo en su día a día. Enseñarles a utilizar el a veces necesario llanto desde el coraje del que quiere liberarse del dolor, perdonarse y tomar nuevas decisiones en lugar de quejarse desde la víctima que se recrea en el dolor.

Materia 4: Enseñarles a conocer el cuerpo en el que habitan, entender sus avisos y a curarse. Conocer los alimentos y las plantas que son más beneficiosos para su salud y cuándo y cómo utilizarlos. Enseñarles a cultivar y cocinar sus propios alimentos de la manera más sabrosa y sana posible.

Materia 5: Enseñarles los principios que rigen este universo entendiendo así las reglas del «juego» de la vida, de modo que puedan crear sus propias experiencias, las más favorables, desde su Corazón.

Materia 6: Enseñarles qué es el dinero, reconocer su importancia, verlo como a un amigo y mostrarles cómo disfrutarlo al dejarlo fluir libremente por sus vidas.

Materia 7: Enseñarles cómo funciona la sociedad en la que vivimos, sus reglas, su estructura y sus mercados. Todos los niños deberían entender los aspectos prácticos de la vida, e idealmente, una vez hayan escogido a qué se quieren dedicar en sus vidas disponer de un mentor que les enseñe cómo hacerlo.

Materia 8: Enseñarles cultura general y conocimientos prácticos (matemáticas, geografía, ciencias...), a través de la experimentación y de la escucha atenta, sin memorizar, sin estar estáticos en una clase sino en movimiento. Dentro de la cultura general es fundamental que se les cuente la historia de la humanidad de modo que entiendan cómo se ha comportado el Ser humano a lo largo de la historia, cómo ha fomentado principalmente la Oscuridad y vean con claridad las consecuencias que se han derivado de esos actos oscuros.

Materia 9: Enseñarles algún tipo de arte, o varios: tocar un instrumento de música, pintar, cantar, bailar, modelar, etc. El arte permite cocrear belleza aumentando la Luz en uno mismo, en su entorno, en este planeta y en el universo mismo.

¿Te imaginas los resultados al comenzar a aplicar este tipo de currículum a la vida y a la educación de los más pequeños? Aparte de disfrutar de una infancia plena y feliz, se convertirán en adultos felices que: fabricarán Alegría, disfrutarán de éxito en sus vidas, encontrarán a sus parejas desde el amor y no desde la necesidad surgida del miedo, cuidarán de la salud del planeta y de su legado natural, serán ejemplos de felicidad para otros y lograrán invariablemente cualquier cosa que se propongan desde el Corazón.

Capítulo **28**

Te prometiste cuidar de tu vehículo

La enfermedad y el malestar no son más que avisos de nuestro Ser para recordarnos que nos estamos desviando del camino que, como seres, escogimos emprender: nuestro camino desde la Luz.

COMO SERES, antes de encarnarnos en el cuerpo material, conocíamos la manera de cuidar de los que iban a ser nuestros nuevos vehículos. Nos sentíamos seguros y poderosos pues sabíamos que, cada vez que la persona en la que nos íbamos a convertir se desviase de su camino, nos podríamos comunicar con ella a través de avisos de distinta intensidad. Primero le enviaríamos una serie de señales o avisos ligeros. Más adelante, de no rectificar su camino, le enviaríamos un aviso más intenso como algún tipo de malestar físico o enfermedad, que le ayudase, que le sirviese de indicación para reajustar su dirección.

La enfermedad y el malestar son avisos que, de escucharlos, nos permiten retomar el contacto con nuestro interior, nos permiten ver qué es lo que no va en lo que estamos haciendo, en lo que estamos pensando o en las decisiones que estamos tomando.

El problema yace en que la persona encarnada deja de escuchar la voz de su Conocimiento. ¡Se olvida! Y ya no reconoce las señales y avisos como tales. Ignorantes de la importancia y significación de estos mensajes, tratamos de acallarlos, al menos temporalmente, con una visita al médico o unas cuantas pastillas.

Si bien es cierto que cada vez se está tendiendo más a utilizar remedios naturales como la homeopatía o suplementos naturales menos agresivos para el organismo que los fármacos convencionales, en la mayoría de los casos se sigue buscando paliar al síntoma sin concederle su verdadera significación e importancia.

El Ser, como el pasajero del coche que no consigue hacerse oír por el taxista, angustiado al ver que el coche está desviándose de su camino y que de seguir así no logrará llegar donde debería, gritará cada vez con más fuerza tratando de hacerse oír. De la misma manera, el Ser, viéndose cada vez más alejado de su camino, nos enviará mensajes de cada vez mayor intensidad, que se verán traducidos en malestar, molestias, golpes, caídas, accidentes y en casos más importantes, graves enfermedades.

Envejecer no es sinónimo de enfermar

¿Te has fijado que por lo general, según vamos avanzando en edad también van aumentando las molestias y el malestar físico? Naturalmente, nuestros cuerpos no están concebidos para manifestarse así. El cuerpo, con los años, se desgasta, se ralentiza ligeramente, sí, pero de ahí a sufrir todas las dolencias y malestares que presentan la mayoría de las personas según van avanzando en edad hay una gran diferencia.

Malas digestiones, dolores articulares, pérdida de visión, problemas de evacuación, pérdida de flexibilidad, problemas de circulación, aumento de los niveles de azúcar en la sangre, colesterol alto, hipertensión, pérdida prematura del cabello, cansancio crónico, problemas de sueño, problemas de memoria, etc., son todos síntomas que, si bien se consideran normales y se achacan al paso de los años, en realidad no tendrían porque manifestarse en un adulto sano y centrado.

Según añadimos años a nuestras vidas humanas, el Ser cada vez se ve más lejos de poder cumplir las promesas que se hizo, y por ello trata de hacerse escuchar, cada vez, con mayor intensidad. Esa, sumada a la equivocada manera de alimentarnos y de tratar a nuestros cuerpos, son las razones de que el malestar tienda a aumentar con la edad.

Muchos de los alumnos en edad madura con los que he trabajado, dicen sentirse mucho más ligeros, sanos y libres de malestar de lo que se sentían años antes, incluso en su juventud y algunos hasta en su infancia.

> **Recuerda:** La salud es el estado natural del organismo. La enfermedad, aunque convertida en norma por el Ser humano, no es en absoluto natural. Atención, no estoy diciendo que cualquier aviso del Ser como una gastroenteritis o un dolor de cabeza o una gripe sea algo antinatural, pero sí digo que solo son avisos, y no enfermedades que nos toca sufrir inevitable y aleatoriamente.

La red de interconexiones de nuestro cuerpo

Como seres energéticos que somos, la energía que circula por nuestro organismo se organiza, por decirlo de alguna manera, en canales energéticos. Hay puntos donde, como en las rotondas en las carreteras, varios de estos canales se cruzan y en ellos es de radical importancia que la energía fluya armónicamente. Cuando no es así la energía se estanca y el malestar se instaura. La acupuntura y la kinesiología han estudiado estos canales energéticos en nuestros cuerpos y han aprendido a desbloquearlos para evitar que la enfermedad se instaure. No obstante desbloquear esos canales sin averiguar antes las causas de esos bloqueos, sin averiguar el mensaje que trata de pasarnos nuestro Ser, solo serviría para aliviar temporalmente la dolencia, pero no para sanarla.

Ciertas culturas milenarias, como la china, han estudiado durante siglos el simbolismo que hay detrás de los síntomas físicos. Han recogido, observado y clasificado los mensajes simbólicos del malestar en cada parte del cuerpo. De ese modo, cada malestar o dolor localizado en un lugar de nuestro organismo se corresponde a una emoción concreta y a un tipo de comportamiento.

¿Recuerdas el caso de Ruth que sufría de una dolencia en las encías? Por lo general, los problemas en las encías están en relación con una fuerte rabia o frustración no expresada. El Ser de Ruth le estaba intentando hacer ver que necesitaba soltar esa rabia y perdonar. Perdonar y perdonarse por todo el daño que se había hecho en el pasado y aún entonces se hacía. Fue en el momento en el que Ruth comenzó a liberarse en el que sus encías comenzaron a sanar liberándola a ella.

Los padres de Eric se divorciaron cuando tenía dos años. Desde entonces había vivido con su madre, la cual manipuló la realidad para que su hijo odiara y rechazase a su padre. Tan insistente había sido aquella mujer que desde los diez años no lo había vuelto a ver por voluntad propia. Cuando Eric llegó a verme, a sus 40 años, tenía una miopía severa que seguía aumentando, a pesar de su edad. Por aquel entonces, Eric estaba convencido de que su padre era algo parecido a un monstruo que había abandonado a su madre y se había desentendido de él.

En la segunda sesión de trabajo, se dio cuenta de que quizá, y solo quizá, esa realidad que había sido iniciada por su madre y que él no solo la había incrementado sino que había permitido que rigiera su vida hasta ese momento, no era exactamente cómo él creía. Tomó entonces la decisión de hablar con aquel hombre para expresarle todo el dolor que sentía por su abandono y desinterés. La sorpresa de Eric no pudo ser mayor cuando se encontró con un hombre amable, amoroso y atormentado por el tiempo no compartido con su hijo. Pasaron cinco largas horas hablando de todo lo que había ocurrido, le recordó como Eric le decía, cuando era muy pequeño, que no le quería y que no quería ir a verle. Incluso le enseñó una carta en la que Eric le pedía no tener que volver a verle. La sorpresa de Eric fue mayúscula. No recordaba nada de lo ocurrido. Eric, «ciego» a su realidad, había pasado la mayor parte de su vida experimentando desde su sesgada visión de las cosas. Tardó en perdonar a su madre y en retomar una relación sana y fluida con su padre, pero, según lo iba haciendo, su vista también mejoraba. A día de hoy, si bien su visión ha mejorado mucho, aún necesita gafas, pero su visión de la vida y de las relaciones es totalmente distinta.

Las consecuencias dejadas en Eric por tantos años sin escuchar las señales de su Ser y negándose a ver la realidad es una simple miopía, pero para otros las consecuencias de no estar atentos a los mensajes que nos envía nuestro Ser, pueden ser mucho más graves y dolorosas tanto emocional como físicamente.

Cuán importante es enseñar a los niños desde que nacen a conocer el cuerpo en el que viven, sus funciones y necesidades. En el momento en que, al educarlos con y desde el Corazón, no permitamos que se olviden del significado de los dolores y síntomas físicos, ante cualquier tipo de malestar, dispondrán de todas las herramientas para darse cuenta de que se lo han creado ellos mismos a través de elecciones equivocadas y podrán plantearse qué hacer para retomar su camino hacia el bienestar.

Sara, la hija de mi amiga Victoria, tenía solo cinco meses cuando la conocí. Antes incluso de aprender a hablar o a caminar, cuando me veía y lo necesitaba, me señalaba con sus pequeños deditos, los puntos que quería que le desbloquease. Todavía a la edad de dos años corría a mí mostrándome sus puntitos bloqueados. Sin embargo, a partir de esa edad, fue perdiendo, como todos y gradualmente, su fluida comunicación con su Ser.

No es infrecuente, entre los asistentes a mis seminarios o sesiones individuales, que al armonizar su relación consigo mismos y al sanarla con los demás mejoren su salud sustancialmente: dejan de usar gafas, dejan atrás el insomnio, se liberan de alergias, pierden peso, mejoran sus digestiones, o incluso superan algún cáncer o invalidez física importante.

El Ser humano es adictivo

El cuerpo humano es hijo de la Tierra. ¿Te has parado a observar alguna vez como el planeta tierra está, en realidad, cargado de necesidades? Necesita a la lluvia para que su superficie no se seque; necesita árboles y vegetación que la protejan de los ardientes rayos del sol y limpien el aire que circula por su superficie; necesita la luz y el calor del sol para que sus habitantes no perezcan y su superficie sea habitable; necesita un constante equilibro de su delicado ecosistema que regule la cantidad de seres que habitan sobre ella; y así un largo etcétera de necesidades.

Al igual que la Tierra, madre de nuestro cuerpo, los humanos también estamos cargados de un sinfín de necesidades que controlan y limitan nuestras vivencias cotidianas. Si queremos sobrevivir, necesitamos: respirar, comer, beber, movernos, relacionarnos, sentirnos reconocidos, sentirnos queridos, y tantas cosas más.

Estas necesidades que controlan nuestras vidas crean en nosotros un terreno perfecto para el desarrollo de todo tipo de adicciones, tanto físicas como mentales. Seamos o no conscientes de ello, todos vivimos con algún tipo de adicción que, en mayor o menor medida, limita nuestras vidas. De todas, las mentales y las emocionales, por su sutilidad, son las que resultan más difíciles de identificar y por tanto de sanar.

Las adicciones son maneras de tratar de sentir algo cuando sufrimos un vacío emocional, cuando permitimos que la Oscuridad se instaure aún más e inunde nuestro interior. El Ser humano, al sentirse culpable, se engancha a una adicción para evadirse de la realidad, como en un intento de no ver y de no pensar en lo que no va. Es como un suicidio permanente, esperando a que la vida pase, y se termine de una vez esta especie de sinsentido que, desconectados de su Esencia, viven día tras día.

Si hay un punto en común en todas las adicciones del Ser humano es la búsqueda de una sensación placentera inmediata o el evitar una sensación o emoción dolorosa. En la adicción a la comida es el placer de comer, en una adicción al juego es el subidón de adrenalina producido por riesgo de perder su dinero, en la adicción a las drogas es por las, temporalmente placenteras, sensaciones, en una adicción a los medicamentos es la búsqueda de evitar sentir malestar o lograr una sensación placentera.

El problema que yace tras cada comportamiento adictivo es que, por muy placentera que sea la sensación inmediata que produce, el resultado a medio y largo plazo siempre es dañino: enfermedad, ruina, obesidad, estrés, rupturas familiares, deterioro físico y metal, etc.

Las adicciones a fumar, drogarse, al juego, a medicamentos, a alimentos, a comer, a beber, a los videojuegos o a personas son tan comunes en la actualidad, que llegan a parecernos algo normal. Y por si este panorama fuera ya de por sí poco alentador, ahora tenemos las redes sociales, internet, los ordenadores, las tabletas y los teléfonos móviles para facilitarnos aún más si cabe esa huida, ese escape de la realidad y de uno mismo que suponen las adicciones. Los teléfonos móviles se han convertido para una gran parte de la población en auténticos escapes del presente, en formas de hacer que el tiempo pase sin ser consciente del mundo que les rodea.

Y tú, ¿qué uso haces de tu teléfono?

Retoma el contacto con tu Ser para recobrar y potenciar tu salud

El Ser humano, dormido a sí mismo, vive anestesiado. Es como si tuviese las sensaciones y emociones dormidas o ralentizadas. Una persona sumida en su Oscuridad deja de sentir o lo hace muy poco. Ese no sentir es que el crea las adicciones y el que nos deja a merced de sectas y de cualquier persona o grupo que decida manipularnos.

No me cansaré de recalcar la importancia de estar siempre presente y atento a nosotros mismos, cuidando así de nuestra auténtica Realidad. La importancia de estar presente para aumentar nuestra Luz y evolucionar así a cada instante de nuestras vidas.

En el momento en que hacemos las paces con el pasajero que llevamos en nuestro taxi, las adicciones ya no tienen cabida, las sectas o cualquier grupo manipulador pierden toda su fuerza. Ya no necesitamos evadirnos de nuestra realidad ni buscar sentir sensaciones a través de dañinos comportamientos.

Uno de cada cinco norteamericanos está bajo medicación por algún tipo de trastorno mental. Parece un claro indicador de que ya es el momento de empezar a hacer cambios, de cambiar de dirección, de volver a mirar al pasajero que llevamos dentro y recordar quiénes somos retomando así nuestro poder, eco del Poder infinito de nuestros Padres Creadores.

Epidemias, cáncer, alergias y otras enfermedades autoinmunes... ¡Cuánto dolor podremos evitar en el momento en que recuperemos la comunicación con nosotros mismos, con nuestros Padres, en el momento en que recuperemos la confianza en la Vida misma, en la Luz misma, eterna creadora del Todo!

El gran caos alimentario

Este planeta es un auténtico vergel. Nos ofrece todo para que podamos disfrutar de una salud perfecta y de un cuerpo en forma.

Fíjate por unos instantes en el tipo de alimentación que llevan la mayoría de las personas en los países más «avanzados». La mayoría comen productos altamente procesados y alterados que están muy lejos de ser beneficiosos para su salud. ¿Qué crees que busca la industria alimenticia al crear estos alimentos tan procesados y sabrosos? Una vez más busca satisfacer las necesidades de los cuerpos humanos de sentir, de tener sensaciones intensas. Añaden saborizantes, potenciadores del sabor, aditivos para lograr que la textura sea más placentera, suave, crujiente o lo que sea que haga que la persona que lo consuma quiera seguir haciéndolo una y otra vez.

La industria alimenticia conoce bien la naturaleza adictiva del Ser humano y le ofrece precisamente lo que busca: alimentos que le hagan sentir con intensidad y que por unos instantes le hagan olvidarse de todo.

Pero, ¿es eso lo que nuestros cuerpos necesitan para mantenerse sanos y vitales? Los seres humanos estamos hechos para nutrirnos con alimentos de la tierra, tal y como nos los ofrece la naturaleza o con una mínima transformación: cocinado, fermentado, deshidratado, etc.

La tierra nos ofrece en cada estación del año los alimentos más adecuados para ese momento climatológico en particular. ¿Verdad que no te comerías una sopa hirviendo en pleno verano cuando el calor más aprieta? Entonces ¿cuál es la razón de que la mayoría de las personas coman plátanos, tomates y otros alimentos propios de la temporada cálida a lo largo de todo el año?

Los alimentos que consumimos, al igual que nuestros cuerpos, están hechos de energía. Unos tienen una naturaleza refrescante siendo adecuados para momentos de calor; otros son neutros pudiendo ser consumidos a lo largo de todo el año y otros calientan siendo adecuados para temporadas frías.

La cantidad de opciones disponibles hoy en día, así como la cantidad de dietas y teorías sobre cómo alimentarnos es tan variada y confusa que las personas tienden a terminar hechas un auténtico lío.

Mientras retomas el contacto con tu Ser y así eres más sensible a las autenticas necesidades físicas de tu vehículo, puedes orientarte con estas sencillas pautas:

- Aliméntate con productos ecológicos, de temporada y a ser posible locales. ¿Recuerdas la importancia de disponer de abundante dinero?
- Elimina de tu dieta los alimentos refinados: todo lo que lleve harina o azúcar blanco.
- Elimina de tu dieta o al menos reduce la ingesta de leche de vaca y de sus derivados.
- Elimina de tu dieta el trigo convencional que no es más que un híbrido de difícil digestión y dañino para el intestino y la salud.
- Introduce legumbres, semillas, verdura en abundancia, fruta de temporada y las proteínas de tu elección.

En estos momentos estoy preparando junto a mi amiga y escritora, Victoria Vinuesa, un libro sobre el cuidado natural y consciente del cuerpo, disciplina en las que ella es especialista.

El ejercicio físico

El cuerpo humano está hecho para estar en movimiento.

El ejercicio físico no solo es fundamental para la salud y el bienestar de nuestros cuerpos, sino también para el disfrute de nuestra felicidad. ¿Podemos sentirnos felices y disfrutar de nuestra felicidad en un vehículo dañado y dolorido? Es como si el taxista quisiese disfrutar de su paseo conduciendo un coche que perdiese aceite y tuviese las ruedas desinfladas; sin duda, la experiencia no sería igual de gratificante que si el vehículo estuviese en perfecto estado.

Cuando hablo de ejercicio físico, no estoy hablando de ir a un gimnasio ni echarse a correr. Estoy hablando de un ejercicio ligero, suave y amable con el cuerpo. En mi experiencia los ejercicios más beneficiosos para realizar en el día a día son: caminar, nadar, bailar y muchos de las posturas que nos propone el *hatha* yoga, siempre acompañados por un experto profesor.

Sufrir en un gimnasio para tener un cuerpo «bonito», según ciertos criterios sociales, aparte de ser altamente adictivo, no es natural ni sano, no nos aporta disfrute ni apoya nuestra felicidad.

El contacto con la naturaleza

El cuerpo humano, como hijo de la tierra que es, precisa de un contacto frecuente con ella.

Si tu objetivo es sentirte sano y feliz, necesitarás un contacto frecuente con la naturaleza, con los árboles, con el agua, con la tierra, con el viento y con los sonidos y el silencio que nos ofrece la naturaleza.

Permíteme ofrecerte una experiencia. Cierra los ojos y respira hondo tratando de sentir el olor del bosque a principios de otoño cuando el tiempo empieza a ser más frío y la humedad de las primeras lluvias hacen resurgir todos los olores de la tierra. Escucha los cantos de los pájaros que alegres vuelan de una rama a otra. Siente la presencia majestuosa de los árboles. Y ahora dime ¿qué sensación te produce? Por lo general, la respuesta de mis alumnos es de un largo suspiro de satisfacción y añoranza acompañado de una sonrisa de paz.

Nuestros cuerpos, continuamente rodeados y expuestos a ondas de todo tipo, necesitan recuperar su equilibrio natural, por decirlo de alguna manera, necesitan descargarse de toda esa electricidad acumulada en sus células y es precisamente al entrar en contacto con la tierra y con los elementos naturales, que podemos lograrlo.

Si vives en un piso en una ciudad asfaltada, primero plantéate un cambio de forma de vida y mientras tanto, cada vez que llegues a tu casa descálzate y siente el suelo bajo tus pies.

Recuerda: Hay mil formas de integrar el contacto con la naturaleza en nuestro día a día, descubre la tuya.

Capítulo **29**

Te prometiste cuidar el planeta

La Tierra es un Ser dual, con su Luz rodeada de Os-curidad y como tal quiere ser iluminada.

Recuerda: Te prometiste ayudar.

EL PLANETA TIERRA, como cada uno de los astros que flotan en nuestro espacio universal es, en sí mismo, un Ser, un Ser con su capital oscuro y luminoso. Como ser en evolución necesita la interacción con otros seres.

Todos interaccionamos a diario con este —para nosotros inmenso en tamaño— Ser que es la Tierra. Pero, ¿cuántos somos conscientes realmente de esta realidad? La Tierra, como tú y como yo, necesita respeto y reconocimiento, necesita amor. Este precioso, aunque principalmente oscuro, planeta que te acoge, necesita sentir el agradecimiento de sus «hijos», de nosotros, las personas que la habitamos.

El Ser humano muestra a través de sus actos cotidianos que es destructor por naturaleza

La Tierra nos ofrece todo lo que podamos desear y necesitar. Los seres humanos, sin embargo, nos dedicamos a destruirla poco a poco: talamos sus árboles sin replantarlos y destruimos su vegetación; contaminamos el aire con nuestras fábricas y los medios de transporte; contaminamos sus ríos y mares con pesticidas, compuestos nucleares, productos de limpieza y otros tóxicos; alteramos su delicado ecosistema; modificamos hasta la genética de sus cultivos y árboles; destruimos la capa de ozono que la protege de los intensos rayos del sol con un uso irresponsable del aire acondicionado; alteramos su superficie con el *fracking* y otras técnicas agresivas, etc.

Es como si tuvieses constantemente millones de piojos en la cabeza, arrancándote el pelo, echándote sus desechos, haciendo ruido, rasurándote el pelo para hacerse caminos y casas, haciendo explotar petardos, excavando en tu cuero cabelludo, etc.

Imagina que un amigo te presta una preciosa casa para que vayas a pasar unas vacaciones. ¿Te dedicarás a destrozarla, ensuciarla y transformarla en aras de tu comodidad temporal? No, claro que no, lógicamente tendrás cuidado de que todo quede, al menos, en el mismo estado que te la prestaron. Probablemente incluso, le ofrezcas algún adorno o utensilio útil, como gesto de agradecimiento.

Este planeta es como esa casa de vacaciones que nos es prestada para pasar un tiempo limitado en ella.

El Ser humano ha de cumplir lo que se prometió

Una de las promesas que nos hicimos al decidir aventurarnos en esta experiencia humana, fue la de cuidar del planeta que nos iba a acoger. ¿Por qué entonces hemos destruido la casa en la que habitamos? El Ser humano, al olvidarse de quién es y de lo que representa en realidad esta temporal experiencia terrestre, trata egoístamente de «disfrutar» al máximo de esta vida que cree la única. A menudo trata de enriquecerse a toda costa, sin importarle las consecuencias que su comportamiento pueda tener para la salud del planeta ni de las generaciones venideras.

El Ser humano, principalmente enfocado en su Oscuridad, es insensible. En el extremo llega incluso a no distinguir lo bueno de lo malo, actuando únicamente para su propio beneficio, que confunde con felicidad, y por supuesto no se preocupa de ese Ser, madre de su cuerpo, sobre el que habita y que ve como un pedazo de tierra del que apropiarse.

¿No te parece absurdo que queramos apropiarnos de un pedazo de la Tierra como si fuese nuestro?

La ecología no es una moda, sino una decisión tomada desde la Luz

Sí, es cierto que los cambios han de darse a un nivel más grande que nuestras propias vidas; no obstante, cada uno podemos aportar nuestro granito de arena para frenar esta absurda destrucción del planeta que todo nos da y poco nos pide.

Si la mayoría de la población occidental se negase a consumir alimentos que han sido cargados de nocivos pesticidas y demandase cultivos más limpios, a las productoras no les quedaría más remedio que ofrecernos alternativas más sanas. Si nos negásemos a comprar los aparatos de aire acondicionado y los frigoríficos que dañan la capa de ozono, o no utilizásemos productos de limpieza tóxicos para el medio ambiente y para nosotros, ¿no crees que la ciencia está ya lo suficientemente evolucionada como para encontrar alternativas sanas y no destructivas? Si nos negásemos a comprar ropa, alimentos y todo tipo de productos que procedan del exterior y demandásemos productos locales que no hayan viajado miles de kilómetros para llegar hasta nosotros, juntos lograríamos un impacto en reducir la contaminación del aire y, de paso, la explotación de personas y del medio ambiente en países menos desarrollados. Al dejar de comprar coches que se nutren de derivados del petróleo, ¿no tendrían acaso que construir otros menos contaminantes? Negándonos a utilizar a la peligrosa y sobre todo innecesaria energía nuclear, a los gobiernos no les quedaría más remedio que ofrecernos alternativas más limpias, menos peligrosas y dañinas. Ya no es una cuestión de que la ciencia descubra nuevos métodos de generar electricidad. ¡Esos métodos ya existen! Ya han sido inventados, simplemente no los comercializan.

Todos tenemos el poder de elegir, seguir maltratando al planeta a diario con nuestras acciones, o bien elegir tratarlo con el cariño y los cuidados que se merece, reconocer y agradecerle todo lo que nos ofrece cada día, quererlo como madre de nuestro cuerpo.

Retoma el contacto con los elementos

Los otros elementos que habitan este planeta, el viento, el agua y el fuego, también son seres. Aprende a quererlos, a celebrarlos, a honrarlos y a comunicarte con ellos.

Parte V

Haz las paces con la muerte y disfruta de tu vida

Capítulo 30

La muerte como continuación de tu camino

LA CREENCIA HUMANA, en la que muchos de nosotros somos educados desde que nacemos, es que esta vida es la única que existe y la única que vamos a tener.

En la Realidad, la Vida, tu Vida, es eterna y multidimensional. La creencia de que la Vida se reduce a esta experiencia humana es totalmente reduccionista.

A través de los siglos las distintas sociedades, religiones y grupos de poder nos han inculcado que la Vida solo existía aquí, en la Tierra. Para muchos la creencia era que si te comportabas «bien», según los criterios de la institución y del momento, lograrías la vida eterna en un lugar llamado cielo o paraíso o algo por el estilo. Para otros, irías logrando el grado de «perfección» necesario a lo largo de diversas vidas, diversas reencarnaciones en este planeta y entonces y solo entonces lograrías algo parecido al cielo de los otros.

¿Y si en realidad fuésemos mucho más grandes y complejos que todo esto? ¿Y si nuestra Vida continúa en distintos cuerpos más o menos sólidos, en distintos lugares del universo y en distintos universos?

Tú, tu Ser, lleva una eternidad evolucionando, pasando de una forma a otra, de un lugar a otro y aún dispone de la eternidad entera para disfrutar evolucionando en lugares cada vez más luminosos, donde el bienestar es la norma y el sufrimiento la excepción. Para ello empleará cuerpos cada vez más ligeros, adaptados a la densidad de esos mundos, donde el bienestar es más fácil, libres de los límites marcados por la sociedad, como el sexo, la clase social, el credo o el color de la piel con los que nacemos.

¿Te atreves a imaginártelo? ¡Qué felicidad! ¡Qué emocionante! ¡Qué aventura!

Érase una vez un nómada, eterno viajero, que un día llegó a un pueblecito costero. Un amigo le había prestado una casa para que pasase unos días disfrutando de las bondades del mar y del aire puro, antes de proseguir su camino hacia su próximo destino. El nómada, ilusionado por descubrir ese nuevo lugar, se fue a pasear por la playa. Descalzo, comenzó a caminar sobre aquella preciosa arena blanca. El agua del mar bañaba sus pies, cuando una repentina niebla lo inundó todo. Con gran dificultad, cegado por la densa niebla, logró regresar a la casa donde se sumió en un profundo sueño del que no despertó hasta el mediodía del siguiente día. Confuso y algo aturdido, no recordaba dónde estaba ni qué hacía allí. Se levantó y, decidido, comenzó a hacer mejoras en esa casa que ahora constituía el centro de su vida. Pasó la tarde cambiando los muebles de sitio, pintó las paredes de otro color, cortó varios árboles del jardín para que no ensombrecieran las ventanas, incluso colocó baldosas sobre la verde hierba de la entrada.

Ya había pasado más de una semana y el nómada seguía sin salir de aquella casa que ahora consideraba la suya, la única para él, la única que podía existir y existiría jamás. Su amigo, preocupado ante tan extraño comportamiento, fue a hablar con él. Trató de hacerle entrar en razón para que se marchase y continuase su camino, pero el nómada, que ya no le reconocía, atrancó las puertas y ventanas para que nadie pudiese sacarlo de allí. Meses más tarde le llegó una carta de los abogados de su amigo: habría un juicio para desahuciarlo. La angustia de pensar que en cualquier momento podían venir y quitarle «su casa», su vida entera, no le dejaban dormir, se pasaba el día y la noche viendo la televisión u ocupado en mil y una cosas tratando de no pensar, de olvidar que su fin podía llegar en cualquier momento.

El fatídico día llegó y el nómada, aterrado, fue sacado a la fuerza de aquella casa que durante los últimos meses había representado todo su universo. Fueron necesarios varios hombres para sacarlo sujeto de pies y manos de su guarida. Una vez fuera, un intenso rayo de sol se conectó con su dormido Corazón. De repente, todo se iluminó en su interior, como si se hubiese despertado de un mal sueño y recordó todo. Recordó quién era, recordó la infinita alegría que le aportaba su vida de nómada, sus continuos viajes y descubrimientos, su continuo despertar y crecimiento. No pudo sino llorar de alegría al ver a su amigo que le esperaba comprensivo, con los brazos abiertos.

Al igual que aquel nómada, el humano confunde esta experiencia en la Tierra, lo que le gusta llamar vida, con la Vida misma que, de por sí, es emocionante y eterna. Al saber que en un momento dado ha de devolver este cuerpo, lo que llama morir, el humano, al igual que el nómada debía abandonar su guarida temporal, siente angustia, siente miedo, vive con ansiedad, con estrés, siente que el tiempo pasa demasiado deprisa, que la vida se le escapa de las manos, tiene hijos para perpetuarse en este planeta, como una forma de sentir que, al menos, seguirá existiendo a través suyo, etc.

Una frase muy común entre los ancianos o los que se aproximan a dejar su cuerpo es: «Si hubiese sabido antes lo que sé ahora, mi vida habría sido totalmente distinta».

La muerte como celebración

La muerte es un acto de celebración, la celebración de que el Ser una vez terminada su misión decide continuar por los eternos caminos de la evolución. El problema radica en que la mayoría de los seres se van sin haber concluido su misión terrestre y además, la forma que escogen para dejar su cuerpo suele ir acompañada de sufrimiento, dolor y muchos remordimientos.

Valerie era enfermera, tenía 45 años y le quedaban pocos días de vida. Padecía un cáncer terminal que se había extendido por todo su cuerpo. Los médicos la habían enviado a casa para que pudiese morir rodeada de su familia. Cuando llegó a mi consulta, apenas podía caminar. Su marido y su sobrino la sujetaban mientras se acercaba a la entrada para evitar que sus débiles piernas le jugaran una mala pasada. Su marido se sentó en la sala de espera temiendo que no pudiese aguantar toda la sesión. Valerie estaba aterrada, si bien aceptaba su enfermedad y su sufrimiento, tenía un miedo atroz a ser enterrada o incinerada y por tanto temía dejar ese cuerpo por mucho sufrimiento que este le causara ya. Durante la sesión Valerie entendió por qué se había creado esa dolorosa enfermedad, entendió el mensaje que había tratado de hacerle pasar su Ser. Se perdonó y liberó de una gran culpa, resentimiento y angustia que la habían acompañado toda su vida. El alivio que experimentó al recordar la Realidad de su Vida en su propia eternidad fue tal que cuando salió, radiante y agradecida, su marido no se lo podía creer.

Antes de terminar aquel único encuentro me dijo que se sentía preparada e incluso ilusionada para continuar su camino. No obstante, me contó que había algo que le dolía, una espina clavada en su sentimiento. Me dijo cómo le dolía que su hijo, ahora un joven de 20 años, nunca la hubiese abrazado. Una semana después, en su casa y rodeada de su familia, Valerie sintió náuseas y su marido la llevó al baño, pues necesitaba a vomitar. Ella le pidió que la dejara a solas unos instantes. De repente, todo comenzó a dar vueltas a su alrededor cuando unos firmes brazos la rodearon por la espalda con cariño evitando que se cayera. Era su hijo quien la sujetaba. Valerie dejó este mundo fundida en aquel abrazo, que durante largos años, había anhelado.

Valerie pidió que celebraran su partida con una fiesta. Sus amigos y compañeros de trabajo hablaban de ella con cariño y hablaban de la increíble ternura que sus ojos habían compartido esos días previos a su partida. Decían que había algo en ella diferente, algo que les servía a ellos de ejemplo de valentía. Valerie se fue feliz, desde su recuperada Luz y ahora continúa su camino libre de aquel enfermo y pesado cuerpo de la materia en algún lugar de este universo.

La Luz es tu único carburante

Valerie había aumentado su capital luminoso a lo largo de su experiencia en esta vida. Ese capital luminoso, la Luz que se había permitido expandir en su experiencia, le sirvió de carburante para desplazarse por este universo hacia otros mundos más luminosos, en sintonía con su nueva vibración. Pero, como ya hemos hablado, en la mayoría de las ocasiones las personas enchufadas en sus egos no aumentan su capital luminoso, de modo que cuando llega el momento de marcharse no disponen del carburante suficiente para hacerlo. Es entonces cuando han de elegir: volver a encarnarse en un cuerpo humano, o esperar en estado de cuerpo atómico hasta iluminarse lo suficiente como para poder continuar su viaje.

Para mí siempre ha sido algo natural la convivencia diaria con los cuerpos atómicos de esos seres que deciden iluminarse en lugar de volver a encarnarse. Desde siempre, al percibir sus cuerpos atómicos, he entendido que este espacio que compartimos es su sitio tanto como lo es el nuestro, aunque el Ser humano no se permita verlos ni por lo general percibirlos.

Cuando yo era solo una niña, solía pasearme durante largas horas por los bosques del Burdeos de mi infancia. Allí, acogida por los imponentes árboles, arropada por mi buen amigo el viento, acariciada por la suave lluvia y mecida por las hojas y la hierba, solía pasar largas horas a solas y rodeada, como en todas partes, por aquellos silenciosos seres en evolución. Un día, tendría yo unos seis años, estaba sentada sobre el tronco de un viejo árbol caído, cuando el cuerpo atómico de la que había sido una mujer, me transmitió que estaba ahí porque durante su vida humana había utilizado muy pocas veces su Corazón. Me explicó cómo durante su vida humana había ignorado sus sentimientos, había ignorado lo que sentía en su interior. La mujer que había sido no se había permitido lograr lo que a ella le gustaba ni se había escuchado lo suficiente como para entender que la hubiese ayudado a sentirse feliz. Solo había «funcionado». Me habló de la fuente inagotable de Amor que todos llevamos en el interior y sin la cual nadie puede existir. Decía que nada merece la pena si no es con Amor.

Solíamos encontrarnos cada día en aquel bosque y compartir largos momentos de cariñoso silencio. Un día en el que yo, habiendo soltado una vez más los pajaritos de la jaula del vecino, había vuelto a recibir un fuerte castigo, deseaba especialmente sentir su presencia, pero para mi sorpresa no la vi. La busqué y la llamé, pero no estaba. La tristeza me agotó y me quedé dormida sobre aquel tronco. Cuando me desperté, ya era de noche y ahí estaba mi compañera, sentada cerca de mí. Mi amiga «fantasma» me explicó que quien necesitaba libertad, más que los canarios de mi vecino, era la niña luminosa que vivía en mi interior y me necesitaba para sentirse libre y querida. Me sugirió que utilizara mi Corazón en cualquier cosa que hiciera o pensara y que me divirtiera mucho. Que me prestara toda la atención que pudiera y que hiciera todo lo que estuviera dentro de mis posibilidades para protegerme, sobre todo de mí misma, de las acciones negativas, en las que yo misma me podía involucrar, que me podían causar sufrimiento y harían que me escondiese de mí misma.

Yo la escuchaba atentamente y, por instantes, aquella vez la veía mucho más luminosa que de costumbre. El ladrido de unos perros a lo lejos me recordó que si no quería ponerme bajo el peligro de un nuevo castigo, debía irme rápidamente. Aquella noche me despedí de ella enormemente agradecida. No podía tocarla con mi cuerpo material, pero sí sentí nuestro intenso abrazo y una gran emoción.

Aquella noche soñé con ella. Estaba muy luminosa y por primera vez sonreía alegre. Todos los átomos de su luminoso «cuerpo» brillaban con intensas luces de vibrantes colores. Nos encontrábamos en el bosque, como siempre, pero esta vez estábamos de pie la una frente a la otra. Me reveló que, tras una espera de cincuenta años en tiempo terrestre, por fin disponía de la Luz suficiente para proseguir su camino y empezar otra vida más allá. Esta vez se había hecho la solemne promesa de vivir plenamente y en armonía, tanto con ella misma como con el mundo en el que se disponía a «incorporarse». Una tierna caricia me despertó de aquel hermoso «sueño». Al abrir los ojos, vi cómo desaparecía delante de mí. Nunca más volví a verla en aquel bosque ni en ningún otro sitio.

Recuerda el mensaje de ese Ser, ya lúcido de la Realidad: escucha siempre la voz de tu Corazón, disfruta y sé feliz al máximo de tus posibilidades, permítete sentir, quiérete y cuídate. Cuanto antes lo entendamos y pongamos en práctica, antes comenzaremos a sentir la felicidad en nuestras vidas, menos temeremos el momento de partir y más «carburante» tendremos para desplazarnos a otros mundos más luminosos.

Cuanta más Luz generes, más luminoso será el lugar que puedas escoger. Por decirlo de una manera sencilla, es como quien va a comprase una casa. No tendrá las mismas opciones si dispone de cien millones de dólares que si dispone de 200.000 o de 10.000 dólares.

Aumenta tu capital luminoso autorizándote a disfrutar.

Capítulo 31
Tu vida es multidimensional

La realidad es múltiplemente múltiple.

Como seres que somos, no pertenecemos a ningún lugar en concreto, si bien ahora estamos experimentando una vida en el planeta Tierra.

La creencia, aceptada durante siglos, de que nuestra vida solo existe aquí, en la Tierra, es una de las mayores causas de sufrimiento humano que conozco.

Permíteme darte una imagen que te ayude a deshacerte de este mito: trata de visualizar por un momento a tu pequeño cuerpo sobre el inmenso planeta en el que habita, posteriormente visualiza a nuestro minúsculo planeta Tierra en relación con el, un millón de veces más grande que ella, Sol. Bien, ahora trata de visualizar lo pequeño que es el Sol en relación con el tamaño de nuestra galaxia, la Vía Láctea. Diminuto, ¿verdad? Por último, date cuenta de lo minúscula que resulta nuestra galaxia si la comparamos con este universo entero. ¿Y si te pidiese que fueses un paso más allá y visualizases lo relativamente pequeño que es este universo ante una infinidad de los mismos coexistiendo en el mismo espacio?

Ahora que te has permitido experimentar, al menos por unos instantes, lo infinitamente pequeño que eres físicamente y que es el planeta Tierra en relación con la inmensidad de la Creación, ¿no te parece absurdo y totalmente reduccionista pensar que solo exista vida en este diminuto puntito de este universo en particular?

El problema yace, como siempre, en que solo nos identificamos a nuestros cuerpos físicos y vidas materiales y no a los seres que somos. No podemos imaginarnos viviendo en ningún otro sitio que no sea este planeta de tierra adaptado a este cuerpo humano, hijo de la tierra.

¿De dónde crees que proviene esta creencia, del ego o del Corazón?

Recuerda: Las limitaciones siempre proviene de la, ya de por si limitada, mente-ego.

Allá donde prevalezca el Corazón

La Realidad es múltiplemente múltiple.

En mi percepción de la Realidad existen una multitud de planos paralelos coexistiendo al mismo tiempo en este mismo universo. En este mismo planeta en el que tú habitas coexisten varias realidades: existen otros mundos, otras realidades, otros seres y vivencias de la que prácticamente nadie es consciente ni percibe. Únicamente una visión más natural, como la que aún conservamos unos pocos en este planeta, nos permite percibir estas diferentes dimensiones y aceptar coexistir, convivir con ellas, día tras día.

Al igual que coexisten varias dimensiones en este universo, también lo hacen una infinidad de universos que coexisten, como superpuestos los unos sobre los otros, compartiendo el espacio infinito del Todo. Por explicarlo de alguna manera, es como tener un número infinito de ligerísimos pañuelos de seda que colocásemos uno sobre otro. Para la mente humana la Realidad tal y como yo la percibo, es ininteligible, inexplicable, sobrepasa totalmente las capacidades humanas de raciocinio. Esta es la razón por la que durante largos años me he abstenido de hablar de ello. Hay cosas, que solo se pueden explicar desde la Luz del Corazón, pero no explicar con las, siempre limitadas, palabras humanas.

No obstante, por fin la ciencia comienza a confirmar ahora esta Realidad: no existe solo un universo, sino una infinidad de los mismos. La buena noticia es que la mayoría de esos universos son más luminosos, en ellos prevalece más el Corazón, que en este universo oscuro en el que habitamos temporalmente. Son universos donde prevalece el bienestar, el Amor, la alegría, la salud, la belleza, la abundancia, la bondad, etc., donde es mucho más «fácil» enchufarse a una corriente luminosa que a una oscura.

Pero las múltiples opciones no se terminan ahí, de la misma manera que hay una infinidad de universos más luminosos que este en el que habitamos, también en este mismo universo, hay una infinidad de lugares más luminosos que el planeta Tierra. ¿Te has fijado alguna vez en que la Tierra es un planeta que de por sí no emite luz? Es oscuro, denso, sólido con un inmenso núcleo de fuego y yace en la Oscuridad. La Tierra necesita la luz exterior de otros astros para poder sobrevivir.

¿No te parece una noticia extraordinaria darte cuenta, por fin, de que tienes la posibilidad de construir tu experiencia tanto presente como futura, una experiencia que te lleva hacia nuevos lugares donde sentirte infinitamente mejor, más libre y feliz?

Esta experiencia terrestre va a determinar a qué lugar de este o de otros universos vayas a poder desplazarte. La elección es tuya a cada instante. ¡Elige tu Luz!

Somos múltiples

De la misma manera que las posibilidades exteriores para experimentarnos son infinitas, también lo son las posibilidades en nosotros mismos, en nuestro universo interior.

Como seres somos, en nosotros mismos, un universo infinito de posibilidades de experimentación.

¡Sed múltiples! Estas fueron las palabras de un gran sabio —desde el conocimiento de su Corazón— que visitó nuestro planeta hace ya muchos siglos. «Sed múltiples», dijo él. Las palabras de aquel sabio fueron interpretadas por algunas instituciones y traducidas para beneficio propio por «Multiplicaos», es decir, tened hijos que puedan convertirse en nuestros súbditos.

Existimos para experimentarnos en una multiplicidad de experiencias distintas a lo largo de esta vida y de cada una en la que decidas experimentarte. Fíjate por unos instantes en nuestra múltiple realidad ya manifestada: somos hijos y somos padres, somos hermanos y somos amigos, somos empleados y somos jefes, somos alumnos y somos maestros, obedecemos y mandamos, aprendemos y enseñamos, lloramos y reímos, trabajamos y descansamos, dormimos y estamos despiertos, nacemos y morimos, etc.

Hemos nacido a esta experiencia humana para experimentarnos desde la multiplicidad de nuestras posibilidades. La riqueza de la vida radica ahí: cuantas más experiencias te permitas vivir desde la Luz de tu propio Corazón más opciones de generar Luz se te presentarán.

Cuántas más ricas sean tus experiencias más posibilidades tendrás de evolucionar a través de ellas. La cobardía que inmoviliza y estanca es hija de la Oscuridad, mientras que la valentía del que se atreve a cumplir sus promesas, a vivir en lugar de sobrevivir, a experimentarse desde el Corazón, es hija de la Luz.

Imagina dos mujeres de mediana edad, ambas con dos hijos, que viven en el mismo pueblo y están casadas con dos hombres que ejerce la misma profesión. La primera es una mujer amorosa, alegre, involucrada con sus vecinos, con buenos amigos, abierta y tolerante. Cada mañana sale a caminar con sus amigas por un bosque cercano. Dos veces por semana asiste a sus clases de yoga en un pueblo vecino. Junto a su marido disfruta de agradables veladas todas las semanas en casa de amigos. Está aprendiendo a cantar y se ha unido a un grupo de canto que ensaya todos los sábados. Cuida de sus hijos y el tiempo que pasa en su compañía lo disfruta plenamente, a veces van al cine o visitan museos y galerías o van a conciertos y representaciones artísticas.

La segunda mujer pasa la mayor parte de sus días en casa, cocinando, por obligación, para sus hijos y su marido. Aunque se queja, está siempre pendiente de lo que hacen o dejan de hacer, hasta un punto en el que se sienten presionados. La relación es tensa y sin alegría. Las únicas incursiones que esta mujer hace en las calles de su pueblo es cuando tiene que ir a comprar. Apenas tiene amigos y prefiere pasar el tiempo en casa donde se siente fuera de peligro. Es fácil darse cuenta de cuál de las dos se trata con más cariño.

La primera mujer escoge experimentarse a través de multitud de formas distintas desde su Corazón. Esas formas que escoge incrementan sus posibilidades de relacionarse, de sentir, de compartir y de evolucionar al hacerlo. La segunda, menos amorosa hacia sí misma, se aparta de la vida para sobrevivir y de las otras personas cerrándose así a la comunicación, se confina en el aislamiento y falsa seguridad que le ofrece su hogar. Las experiencias que crea desde su falta de Amor hacia sí misma son monótonas y rutinarias, ofreciéndole escasas posibilidades de iluminar su Oscuridad. Al mismo tiempo la tristeza y el aburrimiento que forzosamente le provocan su elección de vida la mantienen en la siempre dolorosa posición de víctima.

Recuerda: La acción enfocada hace crecer. La inactividad, la monotonía y la rutina soportada desde el miedo a reaccionar estancan, fijan y ralentizan la natural evolución de nuestros seres.

Atrévete a ser múltiple, atrévete a relacionarte y a disfrutar.

Capítulo 32
Disfruta de tu vida

La vida feliz es de los que se atreven.

EL MOMENTO PERFECTO para empezar a hacer cambios, para mejorar los caminos de tu vida, es siempre el presente. Muchas personas posponen el momento en que se sentirán felices hasta que tal o cual cosa ocurra o deje de ocurrir.

Ahora que conoces las claves para disfrutar de la felicidad en tu cotidiano, ¿cuánto tiempo vas a esperar para empezar a manifestarla?, ¿cuánto tiempo vas a esperar para empezar a expandir tu Luz y tu bienestar?, ¿cuánto tiempo vas a tardar para autorizarte a sentirte feliz y triunfar en tu vida?

Muchos de los alumnos con los que me he encontrado, en los más de veinte años que llevo compartiendo este hermoso trabajo, me han relatado sus «excusas» para seguir perpetuando la Oscuridad y no sentirse felices. Todos esperan a que algo ocurra para permitirse sentirse felices: cuando me cambie de casa, cuando encuentre al hombre de mis sueños, cuando adelgace, cuando mis hijos crezcan, cuando se me quiten las alergias, cuando encuentre un trabajo, cuando gane más dinero, cuando solucione mis problemas económicos, cuando arregle la situación con mi marido, cuando «encuentre» el coraje para separarme, cuando mi hijo se cure, cuando cambie el gobierno, cuando mi padre me quiera, cuando cambien a mi jefe, cuando mis hijos me respeten, cuando me quite la celulitis, cuando me pueda operar la nariz, cuando me case, cuando tenga hijos, cuando me jubile, cuando haya pagado la hipoteca, cuando encuentre nuevos amigos, cuando termine los estudios, cuando, cuando, cuando.

El error radica en que si deseas que esos «cuándos» lleguen, el primer paso es sentirte feliz, es enchufarte con una corriente energética de bienestar. Sentirte feliz es lo que va a permitir que atraigas más bienestar a tu vida y no lo contrario. Todas las personas, consciente o inconscientemente, esperan a que algo exterior a ellas cambie para poder sentirse felices. Pero ese algo exterior raramente cambiará mientras no modifiquen su enfoque interior, mientras no escojan su propia Luz.

Vive tu vida al máximo de sus posibilidades

Permítete disfrutar ya, a partir de este preciso momento. Vive tu vida como si cada día fuese el último que vas a pasar sobre la faz de este planeta. Recuerda que cuanto más te autorices a disfrutar en el momento presente más disfrute estarás creando también para tu futuro cercano y lejano, tanto en este como en los próximos mundos que visites.

Haz de ser feliz tu principal y más importante tarea cotidiana. Sal a la calle y sonríele a la vida, sí sonríele sin miedo. Tus Padres Creadores, la Esencia en ti, Dios, te sonríen con su infinita ternura cuando lo haces. Ellos no esperan otra cosa de ti. Y recuerda: estás protegido, en todo momento, por tu propia Luz.

Tu vida, la Vida es algo mucho más grande de lo que te hayas atrevido a imaginar nunca. Su belleza es infinita, su bienestar y su amor no tienen fin.

Permítete cambiar de perspectiva

El Ser humano tiende, desde siempre, a dar por hecho las cosas. Da por hecho que este planeta en el que habita es suyo, da por hecho que el cuerpo que utiliza es suyo, que la casa, el coche y todos los utensilios que utiliza en su día a día son suyos; cuando en realidad todo eso ha sido creado por la Esencia y pertenece a la madre de su cuerpo: la Tierra. Incluso da por hecho que sus hijos, sus padres y su pareja le pertenecen.

Sentirte agradecido es un maravilloso, a la vez que poderoso, acto de reconocimiento y humildad que sin duda aumenta y expande tu Luz. Da las gracias por todo lo que te ofrece esta vida y date las gracias por todo lo que ya has conseguido por poco que te pueda parecer. Date las gracias por estar leyendo este libro en estos momentos, por haberlo atraído en tu camino, por estar dando un paso importante en tu despertar y evolución.

Recuerda: Tu cuerpo, ese con el que te has identificado tanto tiempo no es más que tu vehículo. Es hijo de la Tierra y la Tierra lo recuperará en cuanto decidas seguir tu camino. Tú no eres tu cuerpo, eres mucho más. La belleza habita en tu interior. Da las gracias a la Vida, a tu Vida y a ti mismo.

¡Atrévete!

Todos tenemos escondido en algún cajoncito de nuestra interioridad alguna cosa que siempre nos hubiese gustado hacer o aprender y aún no nos lo hemos permitido. Quizá sea aprender a pintar o tocar un instrumento o visitar algún país o cocinar, o cantar o aprender a bailar o algún tipo de afición o lo que sea. ¿Por qué no ofrecerte ya esa nueva oportunidad de disfrutar y expandir tu

Luz? ¿Para cuándo lo piensas dejar? ¿Para cuándo piensas dejar el comenzar a buscar voluntariamente cosas que te permitan expandir tu felicidad?

Recuerda: La vida es de los que se atreven.

Sube de nivel

Cambiar de dirección es un paso necesario para todo aquel que desee hacer algún cambio positivo en su vida. No puedes pretender seguir haciendo lo mismo de siempre y obtener resultados distintos. Sencillamente, esto no funciona así.

Imagina por un momento que llevases varios años comprando el mismo periódico y que no te gustase el enfoque político que tiene. Lógicamente, si sigues comprando el mismo periódico, seguirás leyendo las noticias desde ese mismo enfoque político que te desagrada. ¿De quién depende que sigas leyendo esas noticias? En lugar de esperar a que el periódico cambie, cambia tú de dirección: cambia de periódico. Actúa, haz algo.

Hasta ahora has estado viviendo en unos ciertos niveles vibratorios más o menos rápidos y luminosos, esos que tú mismo te has permitido experimentar y disfrutar hasta el momento. Ese es el nivel en el que te sentías cómodo, al que te sentías pertenecer. Ahora y a cada momento puedes escoger aumentar tu nivel vibratorio desde tu Corazón despierto, expandir tu Luz y así enchufarte a corrientes energéticas más luminosas, que invariablemente te aportarán un mayor bienestar en tu vida.

¿Te das cuenta de que la Vida, tu Vida te ofrece la posibilidad, a cada instante, de construir las experiencias que tú mismo decidas vivir, de alcanzar cualquier nivel de éxito, de salud, de prosperidad o de alegría que desees?

Imagina que alguien te dice: si te dedicas a ser feliz y a disfrutar durante un año entero te pagaré un millón de euros. ¿Qué harías? Pues la Vida funciona de la misma manera.

Recuerda: Tu Vida te lo ofrece todo y lo único que te pide a cambio es que seas feliz, que disfrutes al tiempo que aumentas tu Luz.

Capítulo 33
Conciencia global

El Ser humano está más asustado de su Luz que de su Oscuridad.

LA FELICIDAD, el bienestar, existen en cada Ser humano que habita este planeta. Siempre están dispuestos a ser manifestados por él. El problema radica simplemente en que el humano no escoge expandirlos. Del mismo modo que poseer un paraguas en un día de lluvia no te servirá de nada a no ser que tú elijas abrirlo y utilizarlo, tener un Corazón no es suficiente para garantizar una vida Feliz y plena, habrás de elegir utilizarlo.

Si por unos instantes te autorizas a ver la Realidad como es, y te das cuenta de que todos y cada uno de nosotros somos los únicos responsables de nosotros mismos, de nuestras elecciones de vida, ¿no te parecen totalmente absurdos, de repente, comportamientos tan comunes como juzgar y estar pendiente de lo que hacen o dejan de hacer los demás?

En realidad, son tantos los comportamientos humanos que vistos objetivamente, desde la paz de un Ser centrado en su Corazón, parecen auténticos sinsentidos.

Imagínate a un Ser muy luminoso que en su eterno viaje universal hace una breve parada en la Tierra y habiendo decidido no encarnarse aquí, solo nos observa con cariño. Desde su amorosa mirada, desprovista de los juicios y limitaciones de la mente, ve a unos seres que luchan y se matan entre sí en las llamadas guerras, ve a seres que destruyen constantemente el planeta en la que habitan, ve seres que se maltratan, que destruyen y se destruyen, seres que son capaces de odiarse e incluso llegar a matarse por el diferente nombre que deciden darle a Dios, o por su raza o por sus elecciones sexuales. También ve a otros seres que se creen superiores al resto por el color de su piel, por la familia o el país o el grupo social en el que han nacido. Ve una multitud de seres que, sintiéndose solos y culpables, pagan su resentimiento con duras críticas y juicios. Seres que están más atentos a los comportamientos de los demás que a su propia evolución y felicidad, que se han olvidado de evolucionar. Compasivo, observa cómo los seres que habitan en este planeta se han olvidado de Quiénes son, se han olvidado de lo que han venido a hacer, se han olvidado de sus promesas y lo que es peor, se han olvidado de su Corazón.

En realidad, visto objetivamente, los comportamientos humanos ¡son absurdos!

En el momento en que dejemos por fin de juzgarnos y comencemos a querernos, dejaremos de juzgar a los demás, dejaremos de utilizar armas destructoras como el rencor, el odio y la venganza y la paz y el Amor triunfarán naturalmente sobre este mundo.

Dios es Amor puro

Desde mi Conocimiento, que es el mismo que habita en ti, conozco a la Esencia Creadora, ese que comúnmente llamáis Dios. Ese Dios del que hablan los humanos es Amor puro.

Dios no crea pecados para poder castigar a nadie, tampoco crea un sitio llamado infierno donde quemar a los malos que no se han portado como él (por alguna razón los humanos asumen que es un él) esperaba. No, todo lo contrario, la Esencia Creadora nos ha creado a todos desde su infinito Amor, somos parte suya y por tanto Es en nosotros. La Esencia es a la vez Padre y Madre de nuestro Ser.

Lo único que nos pide la Esencia es que la manifestemos —desde el Amor—. Cuando nos equivocamos no nos juzga, solo espera pacientemente que retomemos nuestro camino.

Ese Esencia no necesita crear pecados para convencer a los humanos sobre cómo deben actuar, únicamente les pide que se dediquen a aumentar la Luz de su Corazón.

Y es que, ¿puede existir algo más? La Esencia, como Amor, como Luz pura que es, nunca juzga, nunca castiga. Solo ama. Y dime una cosa: ¿quién crees que necesita más Amor, el que ya se actúa desde su Corazón o el que está totalmente en la Oscuridad? Sin duda alguna, el que está en su Oscuridad es el que necesita más Amor, necesita Luz. El castigo solo añade Oscuridad a la que ya tiene de por sí. Crees, de verdad que Dios haría algo así. Dios es Amor, es Luz. La Luz nunca castiga.

Los pecados y los castigos son fruto invariablemente de la mente humana. La compasión, el perdón, la comprensión, la bondad, por el contrario, son hijas de la Esencia y como tal siempre Son.

Los humanos, ciegos a su Esencia, han creado castigos y pecados para controlar a la población y que no se desviaran del camino que creían que debían seguir; del camino que esas mentes humanas han considerado que debían andar para que las cosas funcionasen según un orden por ellos establecido.

Guiando cada una de tus acciones con la infinita Luz de tu Corazón no corres el peligro de «pecar» ni de desviarte de tu camino, solo equivocarte, pero eso es natural y es evolución. Y si caes en el error, cosa que como humano irremediablemente harás, regresa a tu camino de Luz al perdonarte por tus errores y hacer lo posible, si es que es posible, por remediarlo.

La Esencia Padre y Madre en ti, es decir, Dios, es lo único que espera de ti. Espera que utilices tu Amor a cada instante de tu vida.

Como Creador de tu Ser, sabe que eres Luz y Oscuridad y que invariablemente te equivocarás.

Recuerda: Está escrito así, como humano te vas a equivocar. La importancia radica en que vuelvas a enmendar tu camino. En que una y otra vez ilumines el camino por donde camines.

Capítulo 34

Atreverse a ser feliz es...

LO PROMETIDO ES DEUDA. Te pedí al principio de este libro que me acompañases para descubrir la razón por la que atreverte es una tarea de valientes y un paso necesario para poder sentirte feliz. Estoy segura de que a estas alturas ya habrás atisbado, si no todas, si algunas de las razones.

Ser feliz pasa por atreverte a:

- **Mirar hacia el interior de ti mismo.** Ser feliz pasa necesariamente por atreverte a mirar hacia ese pasajero que llevas en el taxi. Pasa por convertirte, cada día más, en quien has venido a ser: la manifestación cotidiana de Ti mismo.
- **Asumir la responsabilidad de tu propia felicidad.** Ser feliz implica asumir la responsabilidad de tu propia felicidad (Luz), asumir que tú y solo tú eres responsable de cuidar y expandir tu núcleo de Luz.
- **Reconocer que te has equivocado.** Ser feliz implica el darte cuenta y reconocer que, durante todos estos largos años, has estado dándoTe la espalda a ti mismo, que has estado dándole la espalda a tu Luz.
- **Aceptar tu naturaleza dual.** Ser feliz pasa por aceptarte tal y como eres en este momento, con tu Luz y tu Oscuridad. Pasa por aceptar que no eres perfecto y que está bien así, siempre y cuando sigas evolucionando a tu propio ritmo. Pasa por aceptar que tu única responsabilidad es iluminar tu Oscuridad.

- **Perdonar.** Ser feliz pasa por deshacerte de la rabia que te paraliza y elegir el perdón en lugar de la venganza. Perdonar te libera a ti. La venganza y la rabia aumentan tu Oscuridad y tu dolor.
- **Perdonarte.** Una vez has entendido, aceptado y asumido tus equivocaciones es importante que te perdones. Tus Padres no te juzgan, no lo hagas tú. Recuerda: la culpa siempre busca el castigo. Sentirte culpable te llevará invariablemente a buscar hacerte daño tanto consciente como inconscientemente. Tu única responsabilidad es reconocer en ti y nutrir tu felicidad y para ello has de dejar de juzgarte y atreverte a perdonarte y a perdonar. Recuerda: tú, como todos, solo te has equivocado.
- **Quererte y aceptarte tal y cómo eres.** Ser feliz pasa por atreverte a quererte tal y cómo eres en este preciso instante, en plena evolución, con tu Luz y tu Oscuridad, con tus defectos y virtudes. Atreverte a mirarte en el espejo y decirte, sin la menor vacilación: «Yo te quiero (di tu nombre)».
- **Cuidar de tu vehículo y de la casa en la que vives.** Ser feliz pasa por reconocer al vehículo y a la casa que te han sido prestados para llevar a cabo esta experiencia terrestre. Pasa por utilizar agradecido estos preciosos regalos que te han ofrecido la Esencia y la madre Tierra y por tanto por su cuidado, respeto y cariño diarios.
- **Hacer las paces con la Luz que te ha creado.** Ser feliz implica que puedas mirar de nuevo a la Luz creadora del Todo en Ti y veas reflejado el Amor en su infinitamente amorosa mirada.

Recuerda: ¡No estás solo! ¡Nunca lo has estado! ¡Nunca lo vas a estar! Tranquilo: hazlo a tu propio ritmo, sin prisa pero sin pausa

---

Y ahora dime... ¿Tú te atreves a ser feliz?

Glosario

Alquimia: Tu poder para transformar en Luz la Oscuridad que atraviesas.

Amor: Es la eternidad alegre, la felicidad experimentada. El espacio donde todo es posible.

Belleza: Tu interior luminoso manifestado a tu manera.

Bienestar: Tu espacio interior libre de conflictos entre tu Ego y tu Corazón. Estado de paz.

Capital luminoso: La Luz que te has permitido experimentar a lo largo de tu eterno viaje.

Conocimiento: Tu patrimonio luminoso intemporal. Tu único guía.

Corazón: La herramienta principal y más poderosa, tu mejor aliado. En el Corazón yace el Conocimiento en ti. Es la Inteligencia escondida en tu interior.

Despertar: Es reconocer a los Padres en ti.

Ego: Es el motor de nuestra evolución, único para cada uno. Es la Oscuridad del Ser.

Emoción: Es un estado que te indica con total claridad cómo se siente tu pasajero interior.

Esencia creadora: Es la fuente de la que naces. Esa gotita en ti.

Evolución: Aportarle tu Luz a tus equivocaciones cotidianas.

Éxito: Tu propia ilusión manifestada y conseguida.

Felicidad: Es el carburante que nos permite viajar libres a través de la Eternidad.

Fuerza: Tiene que ver con la voluntad, es oscura, exigente y termina agotándose.

Guía: Es la unión de tu Identidad y de tu personalidad.

Ignorancia: Perderse y desviarse del Corazón persiguiendo el saber en el exterior.

Inteligencia suprema: Otra forma de nombrar a la Fuente del Todo.

La culpa intrínseca: Es la Oscuridad en el camino.

La Fuente: La representación luminosa del Dios de cada uno.

Luz: La gotita de la Esencia en ti que vas a aumentar gracias a tu misión.

Maestro Interior: Tu único guía: tu Corazón.

Mensaje poderoso: Pensamiento elegido y utilizado para redirigir tu vida.

Miedo: Es el vacío interior que te empuja a buscar el Amor. Es tu mejor enemigo.

Misión: La manifestación humana del propósito.

Natural *vs* normal: Natural viene del Ser y normal de la norma social.

Olvido: Es darle la espalda a tu Eternidad y a tu Corazón.

Padres: La Esencia Creadora, Padre y Madre (femenino y masculino en todo lo que existe).

Poder: Es la Luz creadora que nunca mengua, que solo crece en ti y nunca se agota.

Propósito: Es del Ser y consiste en evolucionar a cada instante. Es el objetivo del Ser.

Ser: Es el Yo luminoso y oscuro que anima el cuerpo de cada persona.

Ti: Refiriéndonos al Ser que anima a la persona. Ti con minúsculas es la persona.

Todo: Aquello que nunca vas a entender ni definir con tu mente.

Valentía: Es una lucidez manifestada.

Yo: Es el libre albedrío, tu poder de acción.